UNIVERSITY OF NORTH CAROLINA
STUDIES IN THE ROMANCE LANGUAGES AND LITERATURES
Number 122

THE LEGEND OF THE
SIETE INFANTES DE LARA

THE LEGEND OF THE
SIETE INFANTES DE LARA

(Refundición toledana de la crónica de 1344 version*)*

STUDY AND EDITION BY
THOMAS A. LATHROP

CHAPEL HILL
THE UNIVERSITY OF NORTH CAROLINA PRESS

© Thomas A. Lathrop, 1971.

DEPÓSITO LEGAL: V. 3.490 - 1972
ARTES GRÁFICAS SOLER, S. A. - JÁVEA, 28 - VALENCIA (8) - 1972

To S. G. Armistead

TABLE OF CONTENTS

	Page
ABBREVIATIONS USED	11
LIST OF ILLUSTRATIONS	12
ACKNOWLEDGEMENTS	13

PART 1: THE LEGEND OF THE *SIETE INFANTES DE LARA* AND THE *REFUNDICIÓN TOLEDANA* 15
1. Introduction 15
2. The Two Cantares and Their Printed Versions 15
3. Relics of Verses in the *Refundición Toledana* 16
4. Rejected Epic Material 19
5. The *"Abtor"* 20
6. Numbers in the *Refundición Toledana* 21
7. Genealogy of the *Crónica de España de 1344* and the Probable Portuguese Origins of the *Refundición Toledana* 22
8. The *Siete infantes* Themselves 27
9. Two Kings and Four Kings 30

PART 2: VERSIONS OF THE LEGEND COMPARED 31
1. Introduction 31
2. The Legend of the *Siete infantes* as it is in the *Primera crónica general* 31
3. A Comparison between the First *Cantar* (PCG) and the Second *Cantar* (1344) 37
4. A Comparison between the *Infantes* Legend as it is in 1344 and the Version in the *Refundición Toledana* ... 42

PART 3: ABOUT THE MANUSCRIPTS AND THE EDITION ... 77
1. Description of the Manuscripts of the *Refundición Toledana* 77
2. Transcription Norms 78
3. About the Footnotes 79

		Page
4.	Variants not Shown	79
5.	Errors and Corrections found in *Sa*.	84
6.	Intrecalated Episodes	89
7.	Organization and Division of Chapters in PCG, 7344 and the *Refundición Toledana*	90
8.	Variant Placenames in the *Refundición Toledana*	90
9.	Variant Names	91
10.	Names of the *Refundición Toledana*	91

PART 4: EDITION OF THE *REFUNDICIÓN TOLEDANA* VERSION OF THE LEGEND OF THE *SIETE INFANTES DE LARA* 93

GLOSSARY 171

WORKS CONSULTED 173

ABBREVIATIONS USED

ref. tol.	*Refundición toledana de la crónica de España de 1344* as based on manuscripts *Ma.* and *Sa.*
Ma.	MS 7594, Biblioteca Nacional, Madrid (Principal manuscript of the *ref. tol.*)
Sa.	MS 2585, Biblioteca de la Universidad de Salamanca (Variant manuscript of the *ref. tol.*)
Q	MS 10815, Biblioteca Nacional, Madrid (Spanish version of the *Crónica de 1344*)
Inf.	Ramón Menéndez Pidal, *La leyenda de los infantes de Lara*
Reliquias	Ramón Menéndez Pidal, *Reliquias de la poesía épica*
Cintra	Luis Felipe Lindley Cintra, *Crónica geral de Espanha de 1344*, vol. III (unless otherwise specified)
PCG	*Primera crónica general*
1344	*Crónica general de España de 1344*

LIST OF ILLUSTRATIONS

			Pages
FIGURE	1.	Cintra's Genealogy of 1344	23
—	2.	Menéndez Pidal's Location of the *Refundición Toledana*	24
—	3.	Modified Genealogy of 1344	24
—	4.	Folio 148v from *Ma.*	112-113
—	5.	Folio 159v from *Sa.*	112-113
—	6.	Folio 155v from *Q.*	112-113

ACKNOWLEDGMENTS

My thanks and appreciation go to Professor Samuel G. Armistead of the University of Pennsylvania who first encouraged me to prepare this work. I would also like to thank Professor Julio Rodríguez-Puértolas of the University of California, Los Angeles, Professor A. D. Deyermond of Westfield College of the University of London and Professor J. B. Avalle-Arce of the University of North Carolina; although I have not used all of their suggestions, I have profited from many of them.

This project would not have been realizable without the willing and efficient cooperation of Tomás Magallón Antón of the Biblioteca Nacional of Madrid, who provided microfilms of *Ma.* and *Q.* Antonio Barbazán is also to be thanked for his help in obtaining precious volumes which were invaluable to the proper completion of the project.

Finally, I acknowledge the skillful work of Dolly Brande, who prepared the manuscript of the study and the edition.

Part 1

THE LEGEND OF THE *SIETE INFANTES DE LARA* AND THE *REFUNDICIÓN TOLEDANA*

1. *Introduction*

The legend of the *Siete infantes de Lara*, as important as it is, has never really been a part of the Spanish curriculum in American Universities, largely due to the lack of a readily available and informative text on the subject.

This volume was prepared in order that students and professors might have ready access to the legend. The book comprises a study of different aspects of the legend, a comparison of the epic's various versions, and an edition of the legend taken from a chronicle. Since there is no extant manuscript of the epic, we know the contents of this epic only through ballads maintained in the oral tradition and through a number of chronicle versions.

The one chosen for this edition is from the *Refundición toledana de la cronica de 1344*. It is the last in a long series of chronicle renditions of the epic and it is also the most interesting and best constructed account, as will be shown in later sections. To date, only very short excerpts of the *ref. tol.* have been published (*Inf.* 335-344 and *Reliquias* 237-239).

2. *The Two Cantares and their Printed Versions*

There are two related *cantares* of the *Siete infantes de Lara*. The early one is represented by the version found in the PCG, and the second *cantar* by the account in 1344. The differences between the versions will be seen in Part II, section 3, where the PCG and the 1344 versions are compared.

The legend of the *Siete infantes* found in the *ref. tol.* is based on the second *cantar* as found in 1344, but it is a very special version. Its unknown author was a master story teller who used whatever written material, epic material from the oral tradition, and his own imagination to compose his polished narrative.

To date, the legend can be read in its entirety in only five books. Chroniclized versions of the first *cantar*, as recorded in the *versión regia* of the PCG, are found in *Inf.* 207-243 and also in the *Primera crónica general*, II, 431-448. The *versión vulgar* of the PCG legend which is more faithful to its sources, has a slightly variant version to be found in *Reliquias* 181-198.

The 1344 version represents the second *cantar* and is found in *Inf.* 249-314 in Spanish. The chronicle can be read in its original Portuguese version in *Cintra* 112-171.

3. *Relics of Verses in the* Refundición Toledana

At the outset of this study, it was suspected that there would be a great number of prosified verses from the lost epic intercalated into the text. These suspicions were due to three main reasons: first, the *ref. tol.* text of the legend is much longer than the 1344 versions that it derives from. This led us to suspect that the extra material was provided by an oral tradition source and that there would be long chains of verses in our text. Second, Menéndez Pidal had extracted fifteen verses from different places of the *ref. tol.* (which can be read in *Reliquias* 237-39), and has suggested a few other relics of verses in *Inf.*, 105-06. It was thought that his extraction of verses was only a mere sampling and that there would be many more. The most important reason was provided by something that Menéndez Pidal said, that the author "tuvo presente una leve refundición de la gesta de los infantes, hecha probablemente a comienzos del siglo xv" (*Reliquias*, 237).

In order to discover if there were any prosified verses from a non-chronicle source that Menéndez Pidal did *not* find, the following procedure was used. Once the text of the *infantes* episode was transcribed from the manuscripts of the *ref. tol.*, it was carefully compared with the 1344 account of the legend to find those sections that were different from or added to 1344, and these sections were set off. Sometimes new or different material amounted to a few words or a sentence, but other times the new material totaled a paragraph or more. The longer examples were then studied to try to discover relics of verses other than those found by Menéndez Pidal. An occasional set of assonances were found, but nothing positive could be extracted. Occasionally, chance assonants would appear in lines that dealt with subject matter not suitable to the epic (folios 141v-142r [1] have many assonant rimes in *á*, but that particular section has only a tenuous connection with the legend).

On a rare occasion there seemed to be a genuine possibility. For example, when the *infantes* kill doña Lambra's orchard keeper there are some assonants (144v-a):

> Arremetieron al portero & matárongelo allj a *palos*
> & desmenbraron & fisiéronlo todo en ped*aços*
> de tal gujsa que doña Lambra se temjó muy mucho de
>   le ser fecho otro *tanto*
> ca la sangre del portero saltaua sobre los p*años*
>   (de doña Lambra)

This example does rime, but there is seemingly no way to make legitimate verses out of the lines.

The lament of Gustios over the head of Nuño Salido provides another short possibility (155v-b):

> "¿Qué se fisieron vuestros saberes que en la ora del
>   menester vos non valj*eron*?
> Et desidme vos, ¿qué se fiso vuestro catar en ag*üeros*?"

---

[1] These folio numbers refer to the transcription of the *Ma.* manuscript that follows. The letters *a*, *b*, *c*, and *d* refer to the beginning, pre-middle, post-middle and end of a side.

When Mudarra offers his prayer to avenge his brothers there is a chance of epic verse relics (162v-c):

"Mj Señor, digo mj verdat que mj vida poco será
sy yo aquestas cabeças de mjs hermanos non vengo a
  mj volunt*ad*,"
& saljóse [de allí] llorando, & fue su vi*a*je.

During Ruy Velázquez's flight (167v-c), there is a long series of *ó* assonants (*discriçión, Monsón, Carrión, traydor, Monçón, Monmojón, Monçón, traydor*...), but it is again impossible to construct genuine verses around them.

Menéndez Pidal does suggest that one episode (that is only found in the *ref. tol.*), when the *infantes* confess their sins to each other and give each other communion (149r-d), may come from the lost second *cantar* (*Inf.* 35), but he is cautious elsewhere. In *Inf.*, p. 61, he explains:

> Cuando hallemos que la *Estoria* [la *ref. tol.*] es, como frecuentemente acontece, más pintoresca y detallada que la Crónica de 1344, hemos de librarnos muy bien de considerar todos estos nuevos pormenores como procedentes de algún cantar que el autor hubiese oído... La mayor parte se deben tan sólo a la fantasía del escritor, que no sabía narrar con la sencillez antigua y que procuraba dar a su *Estoria* la animación de una novela; y es de muy notar que hasta en algunos casos estas variantes caprichosas acumulan asonancias, ya casualmente, ya por imitación de las crónicas viejas, o en virtud de ciertas tendencias a la prosa rimada, de que no faltan otros ejemplos en el siglo xv.

This "novelistic approach" has been labeled "*enfadosa palabrería*" by Menéndez Pidal (*Inf.* 105), and "*hinchada palabrería*" by Diego Catalán (*Romancero tradicional*, II, 95). But we must ask ourselves if there is anything wrong with the technique of "novelistic historiography" as it is here. Even the PCG with its numerous quotes attributed to various people — a thirteenth century work putting words into the mouths of people who lived three centuries earlier — uses an equally novelistic approach.

What the author of the *ref. tol.* actually did was to make a much more refined story of the legend through character development and a fine dramatic sensibility. He has avoided the traditional chronicle technique of telling in advance what is going to happen (a wholly unacceptable story telling technique), and he has used the subtle method of *showing* a situation rather than *telling* about it. He has consciously edited out what would be obvious to the reader and added things to make his text more dramatic an exciting. In doing all this, he has not changed the "facts" of his sources; the facts are all present in essence or sometimes in detail. Every once in a while, he also makes an error — to be expected in a work as long as his was.

The author drew from any source available, and when some epic verses furthered his narrative, he used them.

4. *Rejected Epic Material*

There is even a certain amount of epic material found in his 1344 source that the *ref. tol.* author rejected. This would confirm the earlier statement that he was not interested in using epic material unless it added to his narrative plan. Or, perhaps, he was not aware that the prosified verses in his source were epic material.

For example, in the *tablado* episode in the very beginning of the story, Menéndez Pidal has extracted these evident verses from 1344 (*Reliquias* 199):

> Primero lançó su vara el conde Garçi Fernández
> e después lançó otrosí el bueno de Ruy Velázquez
> e después Muño Salido, el que bien cató las aves
> e desí adelant lançaron otros muchos de otras partes

These verses were edited out of the *ref. tol.* by the author. Instead, he wrote: "Et al tiempo de las fiestas de las bodas, tyró el conde a él [tablado] & tyraron asimjsmo muy muchos de los gentiles onbres de su cortes" (139v-d).

Perhaps he judged that his source introduced Nuño Salido and his soothsayer qualities too early.

The other main example of the rejection of epic material is in Gustios' eulogies for his sons. Menéndez Pidal took 85 epic verses from the eulogies of the 1344 version, yet the seven eulogies are totally missing from the *ref. tol.* Explanations of this will be given later.

5. *The* "Abtor"

Occasionally there are comments and outbursts in the text which are attributed to the original "abtor," but which are in fact fabrications by the Toledan writer. After announcing: "dise el abtor..." he will then insert his *own* outburst. Perhaps he can legitimately refer to himself in this way since he is, after all, the author.

For example, the 1344 source says after doña Lambra's speech praising her cousin: "Et por esto se sigujó después mucho mal adelante, asy como la estoria lo contará" (149d; 114, 2).[2] The *ref. tol.* after this: "Et ora dise el abtor que nunca tan cara njn tan amarga palabra para castellanos por jamás saljó de boca de muger" (139v-d). In the 1344 source there was nothing of this, as shown, but the official sounding indirect quote by the author of the *ref. tol.* makes it appear as if he were actually reporting it from his source.

Later, talking about doña Sancha, the *ref. tol.* has the following:

> Et dise agora aquj el abtor que esta doña Sancha, segund que la estoria rrecuenta & rreserua, deujera tener tres maridos. El primero deujera ser ynfante, fijo de algund Rey, del qual avría estos syete ynfantes. E que después de la muerte del primero, podía ser casada con el conde don Ferrand Gonçales, de qujen avría al otro conde don Garçi Ferrandes, que la dignidat de Castilla subçedía, por muerte del qual casaría después con Gonçalo Gustines. E que si otra cosa y ha, que perdone qujen leyere, ca la estoria njn rrasón non lo declara (143v-b).

---

[2] 1344 quotes are from manuscript Q. The first reference is to Q and the second is to the Portuguese 1344 text in *Cintra*.

In the *ref. tol.* everything was made up about the first two husbands, probably due to a misunderstanding of the meaning of *infante*; in this case it just means 'son of a nobleman.' The Toledan writer has given the impression that he has copied the section word for word from the source judging from the way he introduces the "fact," yet there is not a whisper of any of it in 1344.

When Nuño Salido goes off, preceding the *infantes* into battle, the following is recorded in the *ref. tol.*: " '¡O, muy amarga & triste vejedat!' dise aquj el abtor del muy atribulado viejo de Nuño Sabido" (150v-b). There is no trace of this in 1344. In fact, the two quotes by Nuño in the *ref. tol.* (preceding and following this outburst) form *one* single speech in the source, so *all* of this quoted above was added by the author of the *ref. tol.*

The *ref. tol.* is considerably longer than any preceding version, and there is no page of the text that does not have comments or expansions by the Toledan author.

6. *Numbers in the* Refundición Toledana

The author of the *ref. tol.* has a marked tendency to increase numbers when he writes his version. The most common of all cases is his changing of two hundred troops in 1344 to three hundred troops in his text: 145v-a, 148r-d, 150r-a, 151v-d, 152v-a. In only one case does he retain the number 200 (166v-c), but *this* time he is referring to Ruy Velázquez's troops, and he consistently discriminates against this evildoer.

At other times he is generous in other respects. The Moorish princess, when she tells her fable in 1344, has appropriately seven children, but in the *ref. tol.* she has eight (156r-d); perhaps the author of the *ref. tol.* did not want to be too obvious. Similarly, when Mudarra leaves Cordova, in 1344 the troops have been paid in advance for seven years, but in the *ref. tol.* they have been paid for ten (160r-a).

In one case, where 1344 is not specific about a number, the *ref. tol.* is. When the *Infantes* are in battle "más de dos mill" (157a; 140,10) are killed. The *ref. tol.* is very exact (without any foundation), and says "dos mjll seysçientos" (153r-a).

7. *Genealogy of the* Crónica de España de 1344 *and the Probable Portuguese Origins of the* Refundición Toledana

The *Crónica general de España de 1344* exists in two different redactions, both of which were written originally in Portuguese as Cintra has shown (*Cintra* I, pps. 45-94). The original Portuguese manuscript for the first redaction (Cintra calls it *Y) has been lost but its essence has been retained through the Spanish translation *M* (Biblioteca Real MS 1069, old 2-I-2). Cintra has demonstrated that the first redaction was only a first draft (*Cintra* I, 31-38, 490). This is probably the reason that there is only one copy of the first redaction; of the polished and refined second redaction there are many copies.

The original (Portuguese) manuscript of the second redaction has also been lost. Cintra calls this manuscript *X. The Portuguese *X gave rise to two manuscripts, also lost, one in Portuguese (Cintra calls it *Z) and a translation of *X in Spanish (Cintra calls it *W).

The Portuguese *Z gave rise to the two manuscripts on which Cintra's edition of the Portuguese *Crónica geral de Espanha de 1344* is based. These are *L* (the principal manuscript, Biblioteca da Academia das Ciências de Lisboa, MS 1 *azul*) and *P* (Bibliothèque Nationale, Paris, MS *portugais* No. 4).

The Spanish *W gave rise to three variants: *Q* (Biblioteca Nacional, Madrid, MSS 10814 and 10815 [old Ii-73 and Ii-74]), *U* (Biblioteca de D. Francisco Zabálburu [now the Biblioteca del Conde de Heredia Spínola, Marqués del Duero, 8, Madrid]) and *V* (Biblioteca Real, MS 2-G-3).

This complicated history yields a genealogy that is easy to grasp in diagram form shown in figure 1 as adapted from *Cintra* I, p. 540.

Cintra's diagram does not take into account the *ref. tol.*, so it must be determined where the *ref. tol.* belongs in the genealogy.

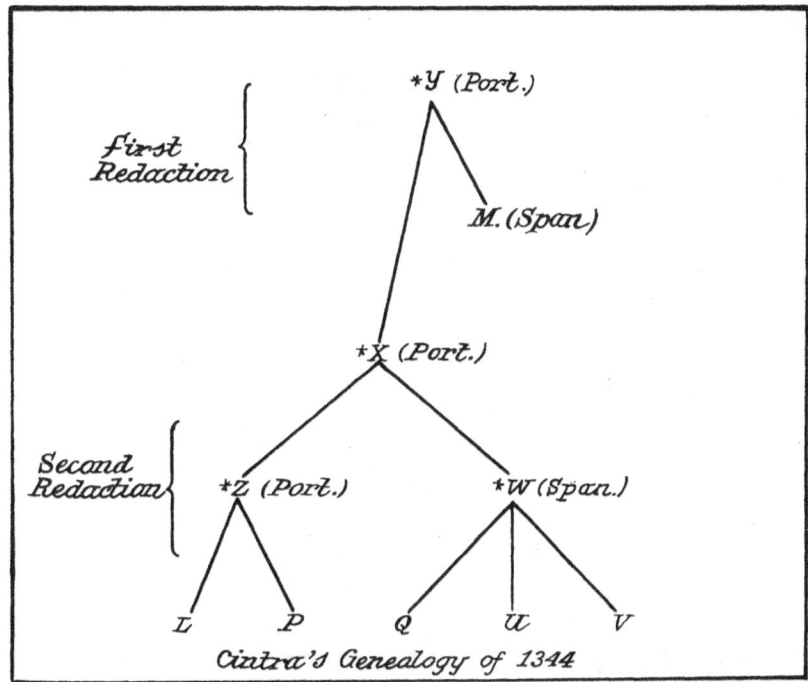

Fig. 1

Menéndez Pidal has convincingly shown that the *ref. tol.* was *not* based on the *QU(V)* manuscripts because sometimes it has things in it that do not appear in *QU(V)* but that *do* appear in *M* (*Inf.* 399). He arrives at the conclusion that the *ref. tol.* is more correct in certain places than are *QU(V)*. His manuscript genealogy (*Inf.* 414), which was made before it was known that 1344 was originally written in Portuguese, shows the following as simplified in figure 2.

His diagram indicates the origins of the *ref. tol.* to be somewhere between *QUV* and *M*. If Menéndez Pidal's genealogy is superimposed onto Cintra's, the *ref. tol.* could derive either from a Spanish source *or* a Portuguese source since both exist between *QUV* and *M*, as shown in the composite diagram in Figure 3.

This genealogical demonstration allows the possibility that the *ref. tol.* may have its origin in a Portuguese source,

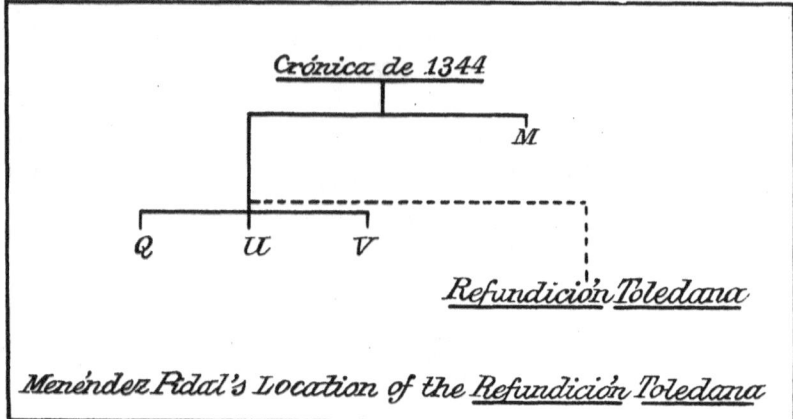

Fig. 2

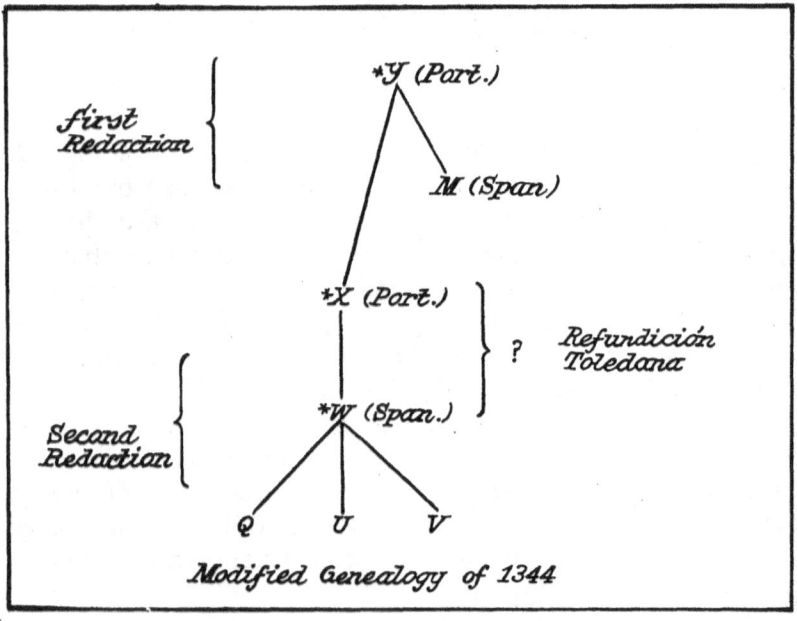

Fig. 3

but evidence within the text of the *ref. tol.* virtually proves it. There are peculiarities within the text of the *ref. tol.* that are only explained if it comes from a Portuguese source.

There are a few Portuguesisms in the *ref. tol.* that have Spanish equivalents in Q. If the *ref. tol.*, then, had come from the *QUV* series, these Portuguese forms would not be present. The Portuguesisms include *donas* (140r-c) where Q has *dueñas* (150a); the *ref. tol.* also has *lonje* (168v-a) while Q has *luengo* (163c).

In the *ref. tol.* the *infantes'* father has the strange name *Gustines*. No other source has a name that comes close to this; it is always a variant of *Gustios*: *Gustioz, Gustius, Gustius, Guçios, Gostios*. However, if the author of the *ref. tol.* were using a Portuguese source, the name *Gustius* (attested in manuscript *P*) could have been read as Portuguese *Gustins* (*u*'s and *n*'s are confusable in the manuscripts), and this name would have to be transcribed *Gustines* in Spanish, just as the Portuguese *fins* can yield only *fines* in Spanish.

There are three variants of the placename *Almenar* in the *ref. tol.* that are the same, and in the same relative places in the Portuguese 1344. These concurrences could hardly be coincidental, especially since the last two sets of variants are extremely odd. Where the Portuguese 1344 has *Almenar* (Cintra 130,9), the *ref. tol.* has *Almenara* (146r-c); where the Portuguese text has *Alnar*, doubtless an abbreviation that has left out the *me* (Cintra 135,11), the *ref. tol.* has *Aluar* (148v-d), which clearly shows another *n - u* confusion; and where the Portuguese has *Palomar* (Cintra 144,8), the *ref. tol.* has *Palomas* (155r-b). This last variant is found in *romances* dealing with the same episode.

There is yet another place-name variation in the *ref. tol.* whose Portuguese traits are matched by the Portuguese 1344, and this virtually proves the Portuguese origin of the *ref. tol.* This placename is *Amaya*, where the flight of Ruy Velázquez begins. Since *a* is the Portuguese feminine article, the original Portuguese author of 1344 must have read this placename as *a Maya* (we have to bear in mind that no capital letters were used in the manuscripts). There are placenames in the text that have definite articles with them

—*el Carpio* and *los Cameros*—so there is adequate precedent set up for this confusion.

In Portuguese, prepositions and articles contract, and in old Portuguese the same preposition and article combination could and did contract in more than one way. These variant contractions from the Portuguese 1344 connected with the placename Maya are reflected in the Spanish *ref. tol.* letter for letter.

The following appears in the Portuguese 1344: "Roy Vaasquez... estava *enna Maya* com duzentos cavalleiros" (*Cintra* 163,6). The *ref. tol.* has exactly the same thing in the placename and preposition "Ruy Vásquez, que *en* la villa de *Namaya* era con dosientos caualleros" (166v-c).

A few lines later, when the Portuguese 1344 says: "Ruy Vaasquez, que era já *na Maya*..." (*Cintra* 163,21) with the variant contraction *na* (now the standard), the *ref. tol.* has reworked the passage somewhat to eliminate a direct quote that follows in the Portuguese text, and it duplicates the Portuguese contraction and placename: "Et quando Rruy Vásquez, el traydor, sopo de las fasiendas de don Gonçalo, & de la buena voluntad que le avía, fabló con todos los suyos, disiendo que le paresçiese bien que se fuesen luego de allj de *Namaya*" (167r-c). Whereas the first case has *enna Maya* in Portuguese, the *ref. tol.* has *en Namaya*; in the second case, the Portuguese has no *en*, only *na Maya* and the *ref. tol.* again shows the same thing letter for letter.

The scene above continues, and a short section later the Portuguese 1344 records: "Então o treedor se partyu *da Maya*" (*Cintra* 163,26). This *da Maya* must have been read *d'Amaya* by the author of the *ref. tol.* In old Portuguese, the preposition *de* could contract with a word beginning with *a* (just as it does in French), as in *Cantigas d'amigo*, for example. The *ref. tol.* shows: "Et así se partyó luego de allj *de Anaya*" (167r-d). In Spanish at that time, the *de* could not contract with a following vowel, so the complete *de* was used. The *n* of Anaya is probably due to residual influence of the initial *N* of *Namaya*. In this last case, since there was no contraction with an *n*, the placename did not begin with *N*.

Since the *ref. tol.* is much longer than the 1344 version, it can be hypothesized that the *ref. tol.* is an expanded translation of a Portuguese source, perhaps the lost *X itself.

8. *The* Siete infantes *Themselves*

Historically, there seem to have been only two *infantes*, not seven. Menéndez Pidal suggests a fewer number himself: "Claro es que el número de siete asignado a los infantes debe ser legendario" (*Inf.* 13, n. 3). At the time he published *Inf.*, Menéndez Pidal had only found reference to Gonzalo González, traditionally the youngest of the *infantes*, in a letter dated April 26, 971. In a later publication, *Historicidad de la leyenda de los infantes de Lara* (p. 458), Menéndez Pidal found the name of Diego González, traditionally the eldest, along with his father's, as being in the court of Garçi Fernández in 963 and 969. These dates fit in perfectly with the chronology of events since the *infantes* were not killed until after these dates.

The historical records seem to indicate that Diego and Gonzalo are the only two *infantes* in real life, and the historical record is confirmed by the legend itself. In the most superficial aspect, Diego is the oldest and Gonzalo is the youngest; if there were only two brothers, Diego would still be the oldest and Gonzalo would still be the youngest. But the legend offers more concrete evidence than this; Diego and Gonzalo are virtually the only two who ever have deeds attributed to them. Diego appears in three scenes in all of the chronicles (except in the *ref. tol.* where he only appears in two). In Garci Fernández's army, it is Diego who is the standard bearer (*ref. tol.* 141r-a), in the orchard, Diego gives a speech that leads to the death of the orchard keeper (this is the deed not recorded in the *ref. tol.*), and in battle with the moors, it is Diego who goes to ask a truce of his uncle (151v-c). Gonzalo is in more scenes: he does the best in the *tablado* competition; it is he who kills Álvaro Sánchez; he is the one seen by doña Lambra in his indecent state (*paños menores*); Gonzalo reprimands Nuño in Canicosa and he also defends Nuño from attack by one of Velázquez's men; finally, when all of his brothers are all dead, he makes a final effort to avenge them.

The middle brother, Fernán González (who does not have anything to do with the count of Castile of the same name), does get a single mention in the chronicles. During the battle with the Moors he suggests that the seven take a rest, and along the way to the resting place, Fernán is killed. With the death of their brother, the eldest (Diego) goes to his uncle to seek help. In Ruy Velázquez's cruelest scene, he refuses to give any aid at all and sends the *infantes* back to their death.

Since this is the only mention of an act by Fernán in the chronicles, and since there is no historical record of him, it would appear highly unlikely that he ever lived. It would seem more likely that the death of an *infante* was a literary device to try to extract help from the *infantes'* uncle, help which is not received, but heartlessly denied. Neither Diego nor Gonzalo could be killed in this scene since the former's duty, as eldest brother, was to solicit the help. The latter was the real hero, and could therefore not be killed under such a circumstance. The death had to be of a nondescript brother, and Fernán, the legendary middle brother, was the most likely candidate.

The names of the other four brothers are only given *once* in the entire legend in all versions but the *ref. tol.* This is in the scene that is the emotional climax of the legend, when Gustios delivers eulogies over the individual heads of his sons. In 1344 it reads: "Dixo a Diego Gonçales: 'A vos amaua yo más que a njnguno de los otros porque nasçistes primero...' Entonçe tomó la [cabeza] de su segundo hijo, Martín Gonçales... E entonçe tomó entre sus braços la de Suero Gonçales... Et entonçe tomó la de Ferrant Gonçales... Entonçe él tomó la de Ruy Gonçales entre sus braços... Et tomó la cabeça de Gonçalo Gonçales, su fijo menor..." (158b-159a; 145, 24-148, 12).

We must wonder why this important scene is left out of the *ref. tol.* Since our author capitalizes on dramatic and intense scenes and it seems peculiar that he would leave this one out.

An explanation lies in the scene referred to earlier with Fernán González's speech and subsequent death. Our author, wishing to make Fernán's death more important and more emotional, calls him: "Ferrand Gonçales, *el mayor de los ynfantes*" (151r-b). Since he calls Fernán the oldest, in the later scenes with Diego, he takes away reference to Diego being the oldest, and even has Diego refer to Fernán as the oldest brother when talking with Ruy Velázquez.

The author's sense of drama has gone contrary to the legend, and certainly gets him into trouble with the careful reader who read at folio 141r-a that Garci Fernández "dio ... su seña a Diego Gonçales, su alferes, que era el mayor de los ynfantes." He would have gotten himself into even more trouble after Fernán's death in the very next folio where Gonzalo Gustios begins the delivery of his eulogies in which Diego is specifically mentioned as being the oldest and Fernán is the *fourth*. Instead of reworking their order (people who knew the legend well would become very suspicious at this point because they would be doubly familiar with this climactic scene), he merely omitted the eulogies. It should be noticed that he retained the eulogy of Nuño Salido and he probably didn't realize what trouble he was in until he was confronted with the sons' eulogies. In the *ref. tol.* the names of the other four *infantes*, then, are never mentioned. Another possible reason for the omission is given in Part II, Section 4 where the eulogies are discussed.

Menéndez Pidal has said that it would be literally cumbersome for all seven to participate equally in the action, and this is why the youngest, Gonzalo, became the sentimental hero, the heroic spokesman for the rest. But the evidence seems to indicate that Gonzalo (and Diego) were the heroes, not because of literary expediency, but because they were the *only* two original brothers, and they were the only ones, therefore, who did *anything at all*. The oral tradition very quickly raised their number to seven — that magic and mysterious number since biblical times — for no version has fewer than that number.

30 THE LEGEND OF THE "SIETE INFANTES DE LARA"

9. *Two Kings and Four Kings*

As a remaining detail, there is a problem about the number of Moorish kings that appear in the two *cantares*. In the *primer cantar* (PCG version) when the *infantes* are in battle with the Moors, there are only two kings present: Viara and Galve. After the battle, these two kings take the heads back to Cordova.

There are four kings in the *segundo cantar*, not two. They are Galve, Viara, Alicante and Barrazín. In this version, three are killed in battle and only Alicante returns to Cordova bearing the heads.

It appears that where the kings are concerned, the original 1344 chronicler confused the first and second *cantares*; when Ruy Velázquez goes to the Moorish kings in the Campo de Almenar, there are at first only two kings present, Viara and Galve (156a; 136, 15), but later when the *infantes* ask for a truce during the battle, there are *four* of them (156c; 138,18).

After the battle in 1344, Ruy Velázquez embraces Alicante and gives him his thanks. Then Alicante returns to Cordova to take the heads there and to report the immense casualties to Almanzor. These casualties include the other three kings.

The confusion of the two kings in one place and four kings in another remains in the *ref. tol.* since 1344 was its source, but the author's inventiveness gets him into some new trouble. In the *ref. tol.*, after the battle is over, it is reported that Ruy Velázquez goes to *all four kings*, embraces them all, and thanks them all (154v-a), but when Alicante reports to Almanzor in Cordova, he says: "Por ocho cabeças que traygo, dexé allá tres rreyes & qujnce mjll moros" (155r-a). This is quite an oversight of the author to have the four kings alive and well in one scene, *after* the battle, and to have three of them dead in the next scene.

Part 2

VERSIONS OF THE LEGEND COMPARED

1. *Introduction*

The purpose of this section is to show in what ways the first *cantar* is different from the second *cantar* and how the *ref. tol.* has changed and added to the second *cantar*. In order to do this, the story of the legend as it is in the PCG (representing the first *cantar*) will be given; then the PCG version will be compared with the second *cantar* as represented in 1344, Finally, the *ref. tol.* account will be compared in a detailed way with 1344 version.

2. *The Legend of the* Siete Infantes *as it is in the* Primera Crónica General.

Chapter 736. The legend starts with the wedding of Ruy Velázquez to doña Lambra in Burgos. His sister, doña Sancha, is married to Gonzalo Gustios and they have seven sons who are governed by Nuño Salido. All of these are present at the wedding.

The wedding takes place in Burgos and is given by the count Garci Fernández. It is attended by people from all over Castile. The festivities last five weeks, and during the final week Ruy Velázquez has a *tablado* built and offers a prize to whomever can place a blow on top of it. After several people try, Álvar Sánchez, a cousin of doña Lambra, succeeds. This pleases doña Lambra very much, and she says that he is worth all the rest who tried. Gonzalo González, the youngest of the seven brothers, is somewhat offended at this remark and, with a single squire, goes out and breaks one of the planks in half on the *tablado*. This displeases doña Lambra who hears the noise. Gonzalo's brothers, fearing some trouble between Álvar Sánchez and their brother, go to his aid. After a brief exchange of words, Gonzalo kills Álvar Sánchez in view of all. Doña Lambra, seeing this, screams for help from her husband, Ruy Velázquez, who comes and attacks Gonzalo twice. After the second attack, Gonzalo, who is infuriated, takes the goshawk his squire was holding and smashes it into Ruy Velázquez's face. At this affront, Ruy Velázquez calls his men to arms, but the count and Gonzalo Gustios arrive in time to make peace between Velázquez and the *infantes*. Gustios then informs Ruy Velázquez that his seven sons will serve Velázquez at any time.

Chapter 737. After the wedding, the count takes Ruy Velázquez and Gonzalo Gustios on patrol, and doña Lambra, doña Sancha and her seven sons with their governor remain in Burgos. Soon, doña Lambra starts toward Barbadillo with the seven *infantes* in her service. Along the way they stop in an orchard for a few hours to relax and have dinner. Gonzalo González undresses to his undergarments to bathe his goshawk and is seen by doña Lambra, who, outraged at the sight, commands one of her men to fill a cucumber with blood and to throw it at Gonzalo, then to return to her. He does as she commands, and Gonzalo is much affronted. Diego González, the eldest brother, says that if this act was done as a joke, they will not harm the man, but if it was done to offend, they will kill him. As they approach, the man runs to doña Lambra and clings to her, so the *infantes* know that the act was done to offend, and they kill doña Lambra's man while he is still clinging to her. The seven *infantes* then leave with doña Sancha, and return to Salas, their village. Doña Lambra remains in the orchard for three days in mourning.

Chapter 738. After Garci Fernández's party returns to Burgos, Ruy Velázquez and Gonzalo Gustios return to the district of Lara. Along the way back, they hear of the news of doña Lambra's man killed by the *infantes*. Both are sorry, and Gonzalo Gustios takes leave of Ruy Velázquez when they arrive at Barbadillo. Ruy Velázquez goes to his wife who asks him for vengeance which he says he'll render, and immediately devises a plan. He sends for Gustios and his seven sons and he talks with them about their affront to his wife, then the seven decide to put themselves in the service of Ruy Velázquez, and the peace is seemingly made. A few days later, as part of his plan, Ruy Velázquez asks Gustios to come back, telling him that he needs financial help due to his expensive wedding and that Almanzor in Cordova said he would give him such help. He asks if Gustios will go to Cordova for him, bearing his letter requesting help, and promises Gustios a part of what he brings back. Gustios agrees to go. In secret, Ruy Velázquez has a Moor write a letter that tells Almanzor to decapitate the bearer. The letter also instructs Almanzor to take his army to Almenar where the seven *infantes*, Gustios' sons, can be delivered also to be beheaded. After the letter is written, Ruy Velázquez kills the Moor that wrote it. On the way back to take the letter to Gustios, he stops to see doña Sancha, his sister, to tell her that her husband is going to Cordova and will come back rich. Then he gives the letter to Gustios and tells him to bid farewell to his family and to be off to Cordova. Together Ruy Velázquez and Gustios go to Bilvestre to spend the night, and the next day Gonzalo Gustios goes off to Cordova. There, Gustios greets Almanzor and gives him the letter. Almanzor reveals the contents of the letter to Gustios and tells him that he will not be beheaded, but instead will be put in prison for a little while. Almanzor sends a Moorish noblewoman to serve him during his stay there. In a few days they make love, and she becomes pregnant.

Chapter 739. After sending Gustios to Cordova, Ruy Velázquez asks the *infantes* to go with him on a sortie to the Campo de Almenar while their father is in Cordova. Velázquez gathers a large number of men and waits for the *infantes* in the Vega de Febros. The seven *infantes* and Nuño Salido go to meet him, and along the way, Nuño sees evil omens and tells them they must return home until the evil omens go away. Gonzalo González tells him that they will not return, that Ruy Velázquez is waiting for them, and dismisses Nuño as their governor. Sadly, Nuño leaves to go back, predicting that they will never see each other again, and the seven *infantes* go their way. After some thought, Nuño decides to return to help them.

Chapter 740. The *infantes* arrive at Febros and are received by their uncle who asks them about Nuño Salido. They tell their uncle about the bad omens that Nuño saw, but Velázquez tells them that they were not bad, but *good* omens. At this point, Nuño arrives and is well received by the *infantes*, but is insulted by Ruy Velázquez on account of the omens. Nuño maintains that he is right about the omens and calls Velázquez a liar. At Nuño's apparent insult, Ruy Velázquez calls his vassals to avenge the dishonor. One vassal, Gonzalo Sánchez, goes to attack Nuño with a sword, but Gonzalo González, in loyalty to Nuño, prevents the attack by killing Sánchez. Ruy Velázquez then demands amends by commanding his men to kill the seven *infantes* immediately, but the seven withdraw with their 200 men. Gonzalo González shouts to Ruy Velázquez that they will pay him 500 *sueldos* for the death. Velázquez, still wishing to have the *infantes* killed and beheaded later in Almenar, agrees to his offer.

Chapter 741. The next day they arrive at Almenar and Ruy Velázquez orders the *infantes* and their men to take whatever they find. Nuño admonishes them not to go, but they do go, and just as they start off they see ten thousand Moorish flags appear over the hill and they ask their uncle about them. He says not to worry, that the Moors are there only to try to frighten the *infantes*, and that they can proceed without any danger. The *infantes* continue on while Ruy Velázquez goes off secretly to see Viara and Galve, Moorish kings. He is followed by Nuño Salido who wants to see where Velázquez is going. When Velázquez reaches the kings, he asks them to avange him by killing the *infantes*. Nuño hears this and rushes off to tell the *infantes*. Soon the *infantes* are surrounded by fifteen companies of moors. To give them courage, Nuño falsely reverses what he said and tells them that the omens they saw were really good, and to prove it he furiously attacks the first company and is killed. In a rage, the *infantes* and their 200 men go through two companies of Moors. The 200 Christians are soon massacred, but in the attack a thousand Moors are also killed. Through their battling they frighten the Moors so they will not attack any more, and the *infante* Fernán says they should withdraw to recover. Along the way to rest, the same Fernán is slain.

Chapter 742. The six infantes that remain make a truce with Viara and Galve long enough for Diego González to go to Ruy Velázquez soliciting help. Ruy Velázquez says that he has not forgotten the *infantes'* dishonors of the past, and says that he will not help them. As Diego leaves, a thousand compassionate troops of Velázquez go with him to battle on the side of the *infantes*. Seeing this, Velázquez calls them back, saying that if the *infantes* need help he personally will help them. Even so, three hundred troops steal away determined to help them. The *infantes* think at first the three hundred men have come on orders of their uncle to kill them, but the men shout to the *infantes* that they have come to assist them, and ask the *infantes* to defend them from Ruy Velázquez if they come out of the battle alive. A new battle begins with great fury and together they kill 2000 Moors while the three hundred Christian soldiers are lost. Again the *infantes* are the only ones that remain. Viara and Galve, showing great compassion, take the six from the battle into their tent where they feed them and wash them. When Ruy Velázquez finds out about this, he is infuriated and tells them that if the *infantes* escape death he will go to Cordova and Almanzor will have the two kings killed. Gonzalo González vehemently objects, but the two kings, in despair, send them back to where the *infantes* were rescued and the Moors begin their attack again. The *infantes* put on a tremendous battle and kill 2060 men. Finally they are so tired they cannot raise their arms. At this point the Moors kill the horses of the six and behead them, starting with the oldest. When they get to the youngest one, Gonzalo, he revives himself as well as he can. He takes the sword that was to behead him and with it kills twenty Moors before he is finally killed and beheaded. Ruy Velázquez then returns to Vilvestre and the Moors take the heads of the *infantes* and of Nuño to Cordova.

Chapter 743. Viara and Galve arrive in Cordova and give the heads to Almanzor, who has them washed clean and he puts them on a white sheet in the order that they were born, with Nuño's head at one end. Almanzor then goes to the prison to fetch Gonzalo Gustios who thinks that Almanzor has come to free him. Instead, Almanzor asks him to identify some heads of people said to be from Salas. Gustios agrees. When he sees the heads he begins to cry and says that he can identify them, that they are of his sons and their governor. Continuing his crying, he takes each head into his hands and recounts the deeds of each one. Then he takes up a sword and kills seven Moors with it in the presence of Almanzor, after which he asks Almanzor to kill him. Instead of killing him, Almanzor asks the Moorish woman to comfort him. She tells him a feigned story that she once had twelve sons, all killed in a single battle, and she is nonetheless able to console herself. Then she tells him that neither crying nor being killed could right the wrong. Almanzor then releases Gustios and gives him the eight heads, and Gustios thanks Almanzor. The Moorish lady takes him aside and tells him that she is pregnant by him and asks what she should do. He says that if she gives birth to a boy she should send him to his father when he is of age. He then gives her half of a ring with which his son can identify himself. Gustios leaves, and only a few days later the Moorish woman gives birth to a boy whom they call Mudarra González.

Chapter 751. Mudarra is ten years old when Almanzor makes him a knight. Later, Mudarra, who has learned the fate of his brothers, speaks with his men telling them he wants to go to Salas to see his father, and his men agree to go along. Then Mudarra goes to his mother to tell her that he wants to find his father, and she gives him the half ring. He then goes to Salas where he sees his father and announces to him that he is his son. When he sees the half ring, Gustios is very pleased. In a few days, Mudarra says to his father that he wants to avenge his father's dishonor and the death of his brothers. Then Mudarra goes to the count, Garci Fernández, and challenges Ruy Velázquez in the presence of the count. Velázquez says he is not afraid, whereupon Mudarra draws his sword and tries to wound him, but is prevented by the count himself who makes a truce that is to last three days. Velázquez steals away by night and Mudarra, who has found out about it, lies in wait for him to pass by. When Velázquez arrives, Mudarra shouts an insult at his foe and then gives him such a blow that Velázquez is cut in half, then Mudarra kills thirty of Velázquez's men. Mudarra waits until the death of Garci Fernández to administer justice to doña Lambra whom he burns. Since she is a relative of the count, Mudarra did not want to kill her while he was still living.

3. *A Comparison between the First* Cantar *(PCG) and the Second* Cantar *(1344)*

This synoptic analysis will show where the two versions differ; the details that are the same are not given here.

First Cantar	*Second Cantar*
	Because Ruy Velázquez does well in the Cerco de Zamora, Garci Fernández gives him his niece, doña Lambra, in marriage for his many deeds.
At the wedding, Ruy Velázquez erects the *tablado*.	At the wedding, Garci Fernández erects the *tablado*.
When Álvar Sánchez wins the *tablado* competition, doña Lambra says: "Agora ved, amigos, qué cauallero tan esforçado es Álvar Sánchez, ca de quantos allí son allegados, non pudo ninguno ferir en somo del tablado sinon él	When Álvar Sánchez wins the *tablado* competition, the text says: "Dixo a aquellos que con ella estauan que non vedaría su amor a omne tan de pro, sy non fuese su pariente tan llegado."

tan solamient, et más valió
él agora allí solo que todos
los otros."

Still in Burgos, Gustios offers his sons' services to Ruy Velázquez.	Gustios waits until later, when he is in Barbadillo to offer the services of his sons to Ruy Velázquez.
The *infantes* go with doña Lambra from Burgos to Barbadillo.	Doña Lambra and Ruy Velázquez return to Barbadillo. Then she returns to Burgos with the *infantes* serving her.
When Gustios goes to Cordova and is put in prison, a Moorish princess comes to serve him. They make love and engender a child *before* the *infantes* are killed.	When Gustios is in prison, a Moorish woman comes to serve him.
In Canicosa there is only one set of unspecified evil omens. Nuño says they must return until the omens pass.	In Canicosa, Nuño sees an evil omen (a crow on the right and left sides). He warns the *infantes* when another omen appears (an eagle kills itself in front of them). He tells them to go back, that they are being led to their death through a betrayal, and that they must not pass over a line in the road that he draws. If they decide to go on, they should send word to their mother to cover seven beds with mourning to counter the evil omens.
In Almenar, there are two kings: Viara and Galve.	In Almenar, there are four kings: Alicante, Viara, Galve and Barrazín.

In battle, the *infantes* kill 2,060 Moors.	In battle, the *infantes* kill 10,060 Moors.
Ruy Velázquez sees the *infantes* being decapitated.	Ruy Velázquez sees them being decapitated, and he tells the Moors of their birth and in what order to cut their heads off.
	After the decapitation, Ruy Velázquez thanks Alicante, then goes away. Alicante then writes a letter of challenge to Ruy Velázquez, and when it is received, Velázquez gives a great lament, acknowledging his treachery.
Viara and Galve return to Cordova with the heads.	Alicante goes to Cordova with the heads.
Almanzor has the heads cleaned before Gustios sees them.	Gustios cleans the heads himself.
Gustios is composed when he recognizes his sons' heads and delivers the eulogies for them at this point. He then kills seven Moors and asks Almanzor to kill him.	Gustios is tearful when he sees his sons, then he goes into a rage and kills three Moors inside and twenty-five Moors outside. When he returns from his killing spree, he delivers the eulogies.
The *infanta mora* reappears to comfort Gustios. She tells him she once had twelve sons that were killed in a single battle.	Almanzor orders his sister to comfort Gustios (this is her first appearance). She tells him that she once had seven sons who were killed in one battle and tells him that he is not too old to have more children to avenge his sons.

	At this point, Gustios rapes her, engendering a child.
Almanzor releases Gustios.	Almanzor and Alicante release Gustios.
The *infanta* tells Gustios she is pregnant and asks what she should do. He says if she bears a boy to send him the boy, and gives her half a ring for identification.	Almanzor's sister tells Gustios she is pregnant and asks if she has a son where shall he find his father. He then gives her half a ring for identification.
	Gustios brings the heads to doña Sancha, and many people, including the count, go to Salas to take part in the grief. Because of Ruy Velázquez's menace, they remain poor for eighteen years.
Almanzor makes Mudarra a knight when he is ten.	
Almanzor and the *infanta mora* tell Mudarra in secret about his father and his seven brothers; this causes him to organize his men so that he can see his father and to avenge his brothers.	Mudarra, having been insulted by the king of Segura as *fijo de ninguno*, goes to his mother and says he will kill her unless she tells him who his father is. She tells him the whole story and gives him the half ring; then Mudarra tells Almanzor that he wants to see his father and Almanzor gives him three hundred men.
	Doña Sancha has a dream on the eve of Mudarra's arrival that predicts his coming.
Mudarra and his men go to Salas to his father's house. He is at home and Mudarra	Mudarra sends a messenger to find his father in Salas. Doña Sancha calls her hus-

VERSIONS OF THE LEGEND COMPARED   41

shows him the half ring and tells him he is his son. Gustios is much pleased at this.	band from church to talk with the messenger who then returns to bring Mudarra to Salas. Along the way, Mudarra goes into a church to pray and sees his brothers' heads hanging there. He pledges to avenge them in the presence of God. In Salas, Gustios is reticent about accepting him, fearing that his wife will leave him if she finds out what he did, but it is she who convinces him to recognize his own son. Gustios' failing eyesight is corrected through a miracle.
They leave immediately for the court of Garci Fernández.	They send letters around all of Castile announcing the arrival of Mudarra and telling all to join them to go to Burgos. Before they leave Salas, Mudarra sneaks out and destroys Barbadillo.
	In Burgos the count makes Mudarra a knight and he becomes a Christian. Doña Sancha then recognizes him as her son and heir.
Ruy Velázquez is challenged by Mudarra in the court of Garci Fernández, and he says he is not afraid. A truce is called for three days by the count, but Ruy Velázquez sneaks away by night. Mudarra ambushes him, insults him, then kills him with a sword.	Ruy Velázquez is in Amaya when he hears that Mudarra is chasing him. The flight continues from town to town until Ruy Velázquez becomes careless and Mudarra catches up with him. They have a singular combat and Ruy Velázquez is wounded. They take him to Vilvestre and doña Sancha determines the manner in which he shall be executed. Since the trou-

	ble started with a *tablado*, they shall execute him with lances and spears on a *tablado*.
	After her husband's death, doña Lambra seeks help from the count, saying that she had nothing to do with his evil deeds, but the count, enraged, throws her out.
Mudarra burns doña Lambra.	Mudarra executes doña Lambra as her husband was executed.

The two *cantares* are very much the same until the *infantes* are killed, then they differ greatly. In the PCG there are only two short chapters after the death of the *infantes*, but 1344 uses four long chapters to finish the story.

4. *A Comparison between the* Infantes *Legend as it is in 1344 and the Version in the* Refundición Toledana

This section will show in a detailed way through textual comparisons, how the author of the *ref. tol.* altered, edited, added to and bettered the 1344 text.

All quotes from 1344 will be given in Spanish, taken from manuscript Q, to maintain linguistic unity. References following the quotes, however, will be given first to manuscript Q, then to the Portuguese 1344 as found in the more accessible *Cintra*.

From the very beginning, the author of the *ref. tol.* begins his rewriting job; in the episode that leads to the wedding of Ruy Velázquez, he rearranges the order of events. 1344, after telling how the men of Alva and Carpio attacked the Castillian army, recounts:

> Ouo de salir a ellos Roy Vasques, como aquel que era muy buen cauallero de armas, & fue a ellos

> con tresientos cavalleros, & alcançólos & lidió con ellos & vençiólos, & mataron y dos cavalleros a Roy Vasques en aquella lid. Et por que fiso mucho bien en aquel día, ouo después a dar el conde Ferrant Gonçales [*should be* Garçi Ferrandes] por muger doña Lanbra, que era su prima cormana, & tenjendo el conde asy çercada Çamora, enbióle el Rey de León mandado que le alçase a Çamora... Et el conde... leuantóse luego de sobre Çamora & fuese para Burgos, & fuéronse con él muchos de leoneses por ser en aquellas bodas de doña Lanbra & de Ruy Vasques (149c; 112,21).

The sentence "Et por que fiso mucho bien aquel día, ouo después a dar el conde [Garçi Ferrandes] por muger doña Lambra" predicts what is going to happen as chronicles normally do. This technique of chronicles is not acceptable to the author of the *ref. tol.* The sentence intrudes itself here and interrupts the action of the story, so the *ref. tol.* author is compelled to put this sentence in its proper place, which is *after* the battle and truce (*ref. tol.* 139v-b).

When doña Lambra hears that it is her cousin who has won the *tablado* event, 1344 says:

> Dixo a aquellos que con ella estauan que non vedaría su amor a omne tan de pro, sy non fuese su pariente tan llegado. Et por esto que doña Lanbra dixo, se siguió después mucho mal adelante, asy como la estoria lo contará (149d; 114, 1).

The author of the *ref. tol.* is not willing to leave this last sentence as is, and neither is he willing to leave such an important quote reported indirectly. He therefore rewrites the scene:

> Dixo a todas las otras: "En verdat vos digo, señoras, que yo non vedaría mj amor a vn tan gentyl onbre como aqueste que tan bien lo fase, si mj pariente tan allegado non fuese." Et ora dise aquj el abtor que nunca tan cara nj tan amarga palabra para castellanos por jamás saljó por boca de muger (140r-a).

In rewriting the last sentence he does not predict anything, but *does* affirm something that did happen, thus keeping in line with his story telling technique.

After young Gonzalo González knocks down the *tablado*, bettering Álvaro Sánchez, 1344 says:

> E los fijos de doña Sancha caualgaron entonçes & fuéronse para su hermano, ca ouieron temor de se leuantar entre Gonçalo Gonçales & Álvar Sanches alguna discordia, como aconteçió luego (150a; 114,16).

The *ref. tol.* does not permit this prediction "como aconteçió luego." It is rewritten this way:

> Pero los otros ynfantes que ay eran, Reçelándose de sobre ello se leuantare algund rriesgo entre Gonçalo Gonçales & Álvaro Sanches, caualgaron muy a priesa & fuéronse para allá. Et tan en tanto que ellos yuan, ya eran acá trauadas las contyendas entrellos (140r-c).

Again, the author of the *ref. tol.* avoids telling what will happen in favor of recounting what has happened.

In the episode when Ruy Velázquez and the seven *infantes* go into battle against Almanzor, Ruy Velázquez's death is predicted in 1344: "Fue tan buen cauallero de armas en aquel día que mucho le valiera más de morir y que como después le avino" (150d; 116,26).

The *ref. tol.* leaves out entirely the prediction of "como le después avino" and rewrites it this way: "Fue Ruy Vasques, marido de doña Lanbra de Baruadillo aquel día muy buen cauallero, et fue la batalla Rebuelta & ferida muy rresiamente" (141r-b).

The speech that Gonzalo Gustios makes to offer the services of his sons to Ruy Velázquez is reported in 1344 in this way:

> "Don Ruy Vasques, estos mis fijos son vuestros sobrinos, & vos auedes menester caualleros mucho a menudo como muy alto & buen cauellero de armas que vos sodes, & por todas las tierras sodes temido

tan bien de xpistianos como de moros, & todos vos han grant enbidia & vos temen mucho. E por ende, yo aurja por bien sy vos plugujese que vos sirujesen los mjs fijos & vos aguardasen algo en manera que ellos valiesen más por vos, ca vuestros sobrinos son & ellos non han de faser synon quanto vos mandardes" (152d; 123,3).

Since this speech is repetitious and poorly constructed, when the author of the *ref. tol.* goes to report it, he recasts it wholly, fitting it in better with the story, using more convincing arguments and logic to make it both more persuasive and shorter. This author is always very careful about the way he records speeches:

"Ruy Vasques, aquestos mjs fijos vuestros sobrinos son, & fijos son de vuestra hermana, doña Sancha. E sy vos a vos plogujere perder dellos enojo, ellos serían a ordenança & mandamjento vuestro, et mejor & más onrrada sería la vuestra casa con ellos que sin ellos. E quanto más nobles ellos fueren, más vuestra onrra será, porque de las vuestras noblezas, ellos aprenderán a ser más perfectos varones..." (143v-b).

The episode about doña Lambra and the seven *infantes* in the orchard is treated differently in the *ref. tol.* In 1344, the stopover in the orchard lasts only a few hours for dinner, but in the *ref. tol.* they stay there several days because it belongs to Ruy Velázquez (in 1344 it does not belong to him). In 1344, Gonzalo González removes his outer clothes "por la grant calentura que fasía" (152c; 123,20). However, in the *ref. tol.* it is because he wants to bathe his goshawk and not get wet. It is only after the bird is in the water that "tomóle otrosí la voluntad de se bañar él por ella [el agua], non cudando que doña Lambra... lo viese." (144r-a).

The two accounts differ considerably in the speech that doña Lambra gives when she sees him in that state. In 1344 her quote is:

"Amigas, ¿non vedes cómo anda Gonçalo Gonçales en paños de lyno? Creo que lo non fase por al synon por que nos enamoremos dél. Por çierto vos digo que me pesa mucho si él así escapa que yo dél non aya derecho" (152d; 123,26).

The speech is changed in the *ref. tol.* in this way:

> "Mjrad agora todas la cortesía de aquel gentil onbre que, sabiendo que nos todas lo mjramos, & porque ayamos voluntad en él, ándase desnudo & tan desonesto como vedes. Et paresçeme que será bueno quél vea quánto lo presçiamos" (144r-b).

In the *ref. tol.* she has a sarcastic tone not found in 1344 and her wish for vengeance is phrased to fit her tone.

In 1344, she sends a man (who is the orchard keeper in the *ref. tol.*) to take an odd kind of revenge. She commands him: "Toma vn cohonbro & fínchelo de sangre" (152d; 123, 30). He is to take this blood-filled cucumber and throw it at Gonzalo. To make the act more disgusting, the author of the *ref. tol.* adds what kind of blood the man filled it with: "físolo todo de dentro cauar & fenchir de sangre cuajada que y era en el corral donde matauan los carrneros para comer" (144r-c).

After the man avenges doña Lambra by throwing it at Gonzalo, his brothers pretend to be amused and are reprimanded by him. After this, in 1344, the oldest brother, Diego, gives a speech, saying that they must avenge the act if it was done to insult them, but if it was done for a joke, they will not harm the man. Then they go to doña Lambra and words pass between them before they take the man outside and kill him. Considerable time passes, then, in 1344, between the offense and the vengeance. In the *ref. tol.*, the act is avenged almost immediately; with limited delay they go to doña Lambra and her man, still in the orchard, and kill the man in her presence (144v-a).

When Ruy Velázquez returns to Barbadillo in 1344, doña Lambra begs vengeance of him for the man the *infantes* killed:

> Echósele a los pies pidiéndole por merçed & disiéndole que le pesase de la desonrra que auja

Resçebido de sus sobrinos, & que por mesura que le diese ende derecho. Et don Rodrigo le dixo: "Doña Lanbra, callat, & non vos pese, & sofretvos, ca yo vos prometo que atal derecho vos ende daré yo que todo el mundo averá que desir" (153b; 126,6).

In this important scene in 1344, her husband gives in to her supplications without hesitating, and his speech gives the impression that he has *already* devised his treacherous plan. But in the *ref. tol.* it takes long pleading and even nagging before Ruy Velázquez finally tells her he will avenge her, When he arrives, she greets him:

"disiendo que pues non rresçebía ella menos ynjurias que biuda desanparada & desonrrada & ferida de mano de los syete ynfantes por tan grandes males & desonrras como ellos le aujan fecho. Et así destas & otras mucho enconadas & ponçoñosas palabras & leuantamjentos, doña Lanbra disiendo todavía, nunca en aquellos días Ruy Vasques la pudo asosegar fasta que le fiso juramento que la vengaría de todos ellos muy bien a su voluntad" (144v-d).

In 1344, the blame for the future treachery is clearly put on Rodrigo, since he is so willing to avenge her. Here, in the *ref. tol.*, doña Lambra receives most of the blame since she nags him until he promises to avenge her. The deaths of her two men, in 1344, were actually provoked by things she started, so the *ref. tol.* makes sure she is assigned the blame.

After Ruy Velázquez plots his deceptive scheme, he goes (in both versions) to see Gustios to begin putting his plan into effect by getting the seven *infantes* to place themselves in his service. In 1344, to do this he is very blunt, using the offense against doña Lambra to coerce them:

Ouieron su fabla entre Salas & Baruadillo sobre la desonrra de doña Lanbra que le aujan fecho los siete jnfantes" (153c; 126,15).

In the *ref. tol.* he is much more crafty:

Començóse de quexar así ljeramente como de no nada de los sus sobrinos, los ynfantes, et los ynfantes le dixieron que les plasía de se poner en sus manos (144v-c).

The second part of his plan is to send their father to Cordova bearing a letter of death, but the speech used to convince Gustios to go is different in both versions. In 1344 he says:

"Cuñado, vos sabedes bien en cómo me costaron mucho mis bodas. Et el conde don Garçi Ferrandes non me ayudó en ello ansy como yo cuydé, & Almançor me dixo que me ayudaría con algo & lo me faría mucho bien para ayuda de mjs bodas, & vos sabedes que ansy es. Et yo agradesçervos he mucho sy lo vos por bien tuujésedes de yr a él sobre esta Rasón & encomendarme hedes mucho & mostrarle hedes la grant costa que he fecho, & desirle hedes en cómo he menester mucho la su ayuda. Bien sé yo que le plaserá & vos dará grant auer. Et vos venit vos luego con él, & yo partirlo he muy bien conbusco, & Ruégovos como hermano que vos plega de lo faser ansy. Ca vos sabedes bien que yo non puedo allá yr, que he de proueer toda la tierra de mano del conde don Garci Ferrandes" (144c; 126,27).

The *ref. tol.* has the following:

"Don Gonçalo Gustines, hermano, bien sabéys cómo de mj boda quedé muy gastado, & cómo agora avía menester algund ayuda para algunas cosas que me menester fasían, & don Garçi Ferrandes njn vos non estáys agora en tienpo de me poder socorrer con aquello que me menester fase. Et Almançor, rrey de Córdoua, me tyene mucho cargo, & me mandó agora desir que sy yo allá fuese, o enbiase tal presona, que me ayudaría muy bien para mjs bodas, & yo non so agora en tienpo para me partyr a tanto lexos de mj casa, & querría vos pedir de graçia como yo faría por vos, que tomásedes vos este cargo, pues que soys a tienpo de lo poder faser por mj. Et yo escreujré a mj amjgo Almançor con vos, & él vos dará asás bien que me tiene prometido, & dello quél me enbiare, vos avréys vuestra parte" (145r-a).

Once again the *ref. tol.* presents a better constructed speech which is certainly more convincing than the first in several respects. The second speech says that Velázquez knows that Gustios cannot help him financially, that Almanzor has said that he would give money to the person that Velázquez will name and that Velázquez would do the same for Gustios. These are three persuasive arguments that do not appear in the first speech.

The letter of death that Ruy Velázquez writes is very important in the legend, and the *ref. tol.* gives the motif its due attention. In both versions, Velázquez asks in the letter that the bearer be decapitated and then that his seven sons be killed in Almenar. In both versions, he lies to Almanzor, saying that through their death Almanzor can become the ruler of Christian lands as well. In the *ref. tol.*, as an added incentive to Almanzor, Velázquez says that there will be no peace until they are dead, "Ca çiertamente son todos muy esforçados varones & tanto que ellos biujeren, non esperéys sy non mucho mal & destruyçiones de todos los vuestros" (145v-a).

After the writing of the letter, the two versions differ in dramatic intensity. In 1344, he seals the letter, kills the Moor that wrote it, tells doña Sancha that her husband is going to Cordova, gives the letter to Gustios who bids farewell to his family, and the two then go off to Bilvestre.

But in the *ref. tol.*, the cruelty, treachery and craftiness of Ruy Velázquez are heightened. After he has the letter written, he doesn't seal it, but hides it in his sleeve before he has the Moorish scribe killed. Then he goes to Gustios and announces that it is time for him to go:

> Et Gonçalo Gustines le rrespondió que se non detenja saluo por su carta para Almançor. Et mandó luego Ruy Vasques llamar allj vn moro que supiese escreujr el aráujgo, et quando el moro vino, notó Rruy Vasques la carta para Almanzor de la propia entençión que con Gonçalo Gustines avía fablado. Et después que la carta fue escripta, mandó llamar otro moro que la leyese [*in translation*] delante de Gonçalo Gustines para lo más asegurar, & después çerróla muy bien, así como la otra, & al tiempo de

sobreescreujr, trocó la carta que traya en su manga por la otra. Et después que fue sobreescripta, sellóla de su sello, & diola a Gonçalo Gustines (145v-c).

In 1344, the scene where Almanzor reads the letter is less dramatic than in the *ref. tol.* 1344 says:

> Et el moro abrió la carta, & viola & leyóla, & después que la ouo vista toda la manera que yua en ella, Ronpióla luego & dixo a Gonçalo Gustius: "¿Qué carta es ésta que tú traes?" Respondióle entonçe don Gonçalo Gustius: "Cierto, señor, non sé." "Pues," dixo Almançor, "yo te lo diré. Ruy Vásquez me enbía desir que te mande descabeçar, mas yo, porque te quiero bien, non lo quiero faser; mas yo mandarte he echar en la prisión." Et luego ansy fue fecho (154a; 129,1).

In the *ref. tol.* Almanzor accepts Velázquez's request as a joke:

> Et quando Almançor leyó la carta, començóse de rreyr, & preguntó a Gonçalo Gustines si sabía lo que en aquélla desía, & don Gonçalo Gustines dixo que non. Et gela leyó toda delante. Et quando Gonçalo Gustines la oyó, quedó mucho fuera de sí, et díxole luego Almançor: "Gonçalo Gustines, esforçad en vos, ca non qujero yo faser lo que la carta dise, ca vos qujero bien & non vos cortaré la cabeça, mas yd vos agora con ese mj alcayde, el qual vos terrná bien preso & bien rrecabdado a vuestra honrra lo más que ser pueda" (146r-b).

The author of the *ref. tol.*, seeing immense dramatic possibilities in this scene, reworks it so that Almanzor doesn't tear up the letter, but reads it to Gustios who then can adequately react. There is no time for him to react in 1344.

When Gustios is put into prison, the *ref. tol.* says that "Almançor mandó vna mora suya que lo syrujese & procurase bien todo lo que menester oujese, tanto que preso estujese" (146r-b), and the chapter ends. (It must be mentioned here that in the *ref. tol.* this *mora* is apparently not his sister, who goes *later* to comfort Gustios).

But 1344, where the chronicler's tendency to tell what will happen is very common, relates:

> Et desí mandó vna mora que lo guardase & lo siruiese & le diese lo que ouiese menester. Et ansy aujno a pocos días que don Gonçalo Gustius, yasiendo en aquella prisión, & aquella mora sirujéndolo, oujeron de entender en sy & amarse vno a otro de manera que don Gonçalo Gustius ouo de faser en ella vn fijo que llamaron después Modarra Gonçales. Et este Modarra Gonçales fue el que después vengó su padre & sus hermanos, los siete jnfantes, por la trayçion que les fiso Ruy Vasques, ca lo mató por ello así como contaremos adelante en esta estoria (154b; 129,9).

It was unthinkable for the author of the *ref. tol.* to retain this. How could he talk about Mudarra, who had not yet been engendered, avenging the death of his seven brothers who had not yet been killed? It is also important to notice that, whereas it says here "oujeron de entender en sy & amarse vno a otro," later in 1344 such is not the case, for he takes her by force.

When Ruy Velázquez goes to the seven *infantes* once their father is gone, he uses different words and reasons in the two versions to convince them to go with him. In 1344, he says:

> "Sobrynos, desirvos he lo que tengo por bien de faser. Yo quiero faser vna caualgada a tierra de moros & correr fasta el canpo de Almenar. Et sy vos tuujerdes por bien de yr comigo, pláseme ya mucho. Et sy non fuerdes, aquí en la tierra fincat & guardatla" (154b; 130,7).

Since it is crucial for Velázquez to be very convincing, the author of the *ref. tol.* recasts the speech:

> "Sobrinos, yo qujero agora, en tanto que vuestro padre viene, yr a correr con mj gente por el canpo de Almenara, et acordé de non yr allá sin vos lo faser saber, por que vos non acaloñedes contra mj como soledes. Et por ende vos lo digo, & si allá qujsierdes yr, vos avredes vuestros quiñoneros, et

si non qujsiéredes yr, quedat & guardat la tierra" (146r-c).

Ruy Velázquez here intimidates them into going along, a very positive manoeuvre and a good ruse. The *ref. tol.* uses this technique again at Almenar.

Among the highest dramatic moments of the legend is the part where Nuño Salido sees evil omens that cause him to admonish the seven to return home, but they refuse to turn back and go on without him.

In 1344 the episode starts when they enter the pine grove of Canicosa. The omen that Nuño sees is a crow on the left and a crow on the right (the higher one on the left), and an eagle in a pine tree. At this he warns them:

"Fijos, tornémosnos para vuestra madre, doña Sancha, & folguemos y algunos días fasta que estas aves corrijan, ca ellas non vos muestran sy non todo mal sy las pasamos" (154c; 131,7).

This already intense scene is further dramatized when the *ref. tol.* takes elements from the 1344 text and amplifies them.

Entering Canicosa (*Tenjcosa* in the *ref. tol.*), Nuño first sees some unidentified omens (146v-a), but does not mention them to his charges so as not to anger them. Further on, when he sees a crow on the right and another on the left, he again keeps these bad omens to himself. When he sees the third omen, an eagle in a pine tree clawing himself and bleeding, he can no longer remain silent and he tells them they must return.

These three sets of omens derive from the single set of omens seen by Nuño in 1344. In the *ref. tol.*, the three different omens show how Nuño waits until he is absolutely convinced about the omens and the danger they are going into. He is essentially their servant, and he must be sure not to delay them for what may turn out to be only a whim. In this scene, the author creates a dramatic irony of which he is an early master; we know from three omens that the *infantes* are in grave danger, but the *infantes* only know of one evil omen, the last, and are not as convinced as they might have been if they had been told of all three.

When Nuño finally departs and is on his way back to Salas, he thinks over the situation and, deciding that he cannot leave his charges in that danger, he returns to them. But his reasons and motives for returning are different in the two versions. 1344 says: "Mas Nuño Salydo, tornándose para yr a Salas, & yendo asy por su camjno, cuydó en sy en cómo fasía muy mal en dexar de aquella guisa sus criados por miedo de muerte" (155a; 132,16).

The author of the *ref. tol.* has created a Nuño Salido who is above such fear. He stays behind, not because of fear of death, but because he was a servant of the seven and was commanded by them to go back. With this in mind, the *ref. tol.* changes the wording slightly:

> Et los ynfantes yuan adelante a más andar, & cuydó Nuño Sabido en sy como fasía mucho mal & desonrra para ssy en dexar a los ynfantes de aquella gujsa que los dexaua yr a la muerte" (147v-a).

The simple change of "por miedo de" with "que los dexaua yr a la" makes a much more responsible person of Nuño.

Nuño catches up with the seven *infantes* when Ruy Velázquez has already reversed the omens, saying that they were really good omens. When Nuño arrives, Ruy Velázquez takes him to task, after which Nuño calls him a liar. In 1344, after Nuño's speech, the chronicles adds: "Esto Rasonaua ansy Nuño Salido por[que] ya él bien sabía lo que Ruy Vasques dixera" (155b; 134,1). 1344 indicates that he *heard* what Ruy Velázquez said. The *ref. tol. shows* that since Ruy Velázquez greeted him so sternly, Nuño was able to figure out what had happened between the *infantes* and Ruy Velázquez before his arrival, and was more convinced than ever of the correcteness of his predictions through the bad omens.

After one of Velázquez's men is killed by Gonzalo González when he tries to attack Nuño for his insults to Velázquez, Velázquez asks for vengeance on the seven *infantes* and on Nuño; the eight then withdraw with their men to organize themselves for battle. However, Gonzalo then makes peace with his uncle saying that they will pay damages. At this point, 1344 records:

> E el traydor, porque non tenja avn tienpo de conplir su coraçón asy como él quería, e porque non podía ende salir bien sy entonçe bolbjesen de se yr, dixo que le plasía mucho de lo que desía & que lo tenja por bien" (155c; 134,26).

The author of the *ref. tol.* rewrites this passage first to make Velázquez a coward, and second to show his evil shrewdness:

> E quando el traydor de don Rrodrigo aquesto oyó, folgó muy mucho por dos cosas. La primera, porquél tenja muy grandísimo themor de sus sobrinos, & más de Gonçalo Gonçales, & auja rreçelo de morir allj a sus manos, & fuele mejor partido la pas: et la segunda, porquél tenja bien gujsado cómo sus sobrinos, con todas sus gentes, muriesen syn que el traydor njn los suyos se pusiesen en peljgro. Et así por esta rrasón se desfiso la batalla" (148v-b).

When they arrive at Almenar, the treacherous act is set up. In 1344, Ruy Velázquez merely sends the *infantes* out: "e mandó a los sobrinos que se fuesen correr el canpo & Robasen quanto fallasen" (155d; 135,13), but in the *ref. tol.*, his craftiness shows as he uses negative psychology to make them go:

> E el traydor de don Rrodrigo, como fue en aquel logar, començó luego a vsar de su maluado trayçión, et llamó a sus sobrinos & díxoles así: "Sobrinos, a mj paresçe que será bien que vosotros con vuestras gentes vos quedéys aquj en çelada con algunos de los mjos, & yo yré correr el canpo." Pero comoqujer quel traydor aquesto desía, non se fiso de rrogar quando los ynfantes, sus sobrinos, le dixieron: "Par Dios, señor tío, que vos fabláys a voluntad, pero non rrasón; & quedatvos en buen ora con todos los vuestros en la çelada, et nos yre-

mos con los nuestros a correr el canpo todo." Et quando aquello don Rrodrigo oyó, folgó muy mucho (148r-d).

In the *ref. tol.* (unlike 1344), before they go into Almenar, they confess their sins to each other and they serve each other communion. This insures them that, should they die, they will be spiritually prepared.

When they go into Almenar, they see ten thousand Moors appear, and they ask their uncle about them. He lies again in assuring them that they are only there to frighten them. In the *ref. tol.* he further encourages them to go on by adding this to his speech:

"...Pero non creáys que njnguno de todos ellos osase baxar acá. Son todos los viejos & los niños & las mugeres & presonas que vos non han de contrastar el prouecho, ca nunca por ellos yo dexaua de faser lo mjo & auer asás prouecho" (149v-b).

In both versions he finishes by lying, telling them that he personally will help them if need be.

Once the seven *infantes* are reassured, Ruy Velázquez goes to the Moors, and Nuño follows him to see what he is doing. 1344 records it this way:

Furtóse dellos & fue fablar a los moros. Et Nuño Salido, quando lo asy vyo yr, escusóse & fuese en pos para ver et oyr lo que desía a los moros (155d; 136,11).

Here is a scene that is too important to receive only a few lines, so the author of the *ref. tol.* expands the passage to heighten the intrigue:

Furtóse con algunos pocos de los suyos, & fuese para las çeladas de los moros. Et Nuño Sabido, que la trayçión temja & barruntaua, vídolo yr muy apresado, encubiertamente, por las faldas de vna syerra, & dexó a los ynfantes, & començó a segujr en pos él, & tanto se apresuró fasta que llegaua ya muy çerca dél. Et comoqujer quel traydor de don Rrodrigo lo vido yr en pos él, non se rreguardó dél, cuydando que de los suyos era. Et quando el traydor de don Rrodrigo se lançó por las çeladas de los moros a fablar a los capitanes, Nuño Sabido yua muy çerca dél por entender algo de aquello en que yua (149v-d).

In the speech that Ruy Velázquez makes to the Moors, he says that he will not help his nephews in any way. Nuño reacts to it this way in 1344:

> Quando don Nuño Salido le oyó aquello desir, díxole ansy: "¡Traydor et omne malo! ¿Cómo as traydo todos tus sobrinos? ¡Dios te dé por ende mal gualardón, ca en todo el mundo fablarán los omes desta tu trayçión" (156a; 136,20).

The *ref. tol.* has reworked this passage, making it not only more intense, but also making Velázquez into an even more terrible and heartless man:

> Et como el traydor non se rresguardó, & lo así fabló a grandes boses & con grand plaser, oyólo muy bien Nuño Sabido, & rrespondió disiendo assí: "¡O, traydor & maluado onbre! ¿Por qué cabsa o rrasón as traydo con engaño en perdiçión & muerte a tus sobrinos, los ynfantes? ¡E ellos morrán como justos & leales ante Dios & ante las gentes, & a ty malamente te lo Dios demandará, & te dará por ello mala pena & galardón, ca en todo el mundo vnjuerso, njn en los pasados, non se fallaría agora, njn leería en alguna estoria, vn tan grand traydor maluado como tú!" (150r-a).

When Nuño returns to the *infantes*, 1344 reports it in a straightforward manner: "fuese para los jnfantes dando boses" (156a; 136a24), but again the *ref. tol.* expands and dramatizes the action:

> Apretó muy de rresio las pierrnas a su cauallo, syn atender su mala rrespuesta, & fendió por entre los moros, & tan desapoderadamente corrió que njnguno lo pudo alcançar fasta que allegó en aquel logar onde los ynfantes lo vieron así venjr.

Alborosçáronse ellos & sus gentes, et Nuño Sabido allegó dando muy grandes boses (150r-c).

When Nuño Salido is finally killed, the *infantes* go into battle. In 1344 the beginning of the battle is like this: "Encomendáronse a Dios & llamaron en su ayuda el apóstol Santiago, et fueron ferir en ellos tan de Resio" (156b; 137,23). The *ref. tol.* has changed only one word, but has considerably romanticized the scene: "Encomendáronse a Dios, et fallaron en su ayuda al apóstol Santiago, & fueron ferir en ellos tan de rresio" (151r-a). Perhaps this was a careless reading, but it could actually be something that the author of the *ref. tol.* might change naturally.

After fighting, the *infantes* want to make a truce with the Moors in order to talk with their uncle. In 1344, it is reported like this:

> E los jnfantes, estando en esta angostura, ovieron acuerdo de enbiar a demandar treguas a Alicante & a Biara & al Galbe & a Barrasín fasta que lo fisiesen saber a su tío sy los quería ayudar o non, & fisiéronlo ansy. E fue luego Diego Gonzales a su tío & díxole ansy: "Don Rrodrigo, sea vuestra mesura que nos vengades acorrer, ca muchos nos tienen los moros en grant priesa & cuyta. Et ya nos mataron Ferrant Gonçales, vuestro sobrino, & Nuño Salido, & los dosientos caualleros que traximos." Díxole entonçe el traydor, "Amjgo, yd a buena ventura. ¿Cuydaes que olujdado auja yo la desonrra que me fesistes..." (156c; 138,17).

Then he sends them back to defend themselves as well as they can and offers no hope. In the *ref. tol.* there is an invented scene between Diego and the kings, a shameful reaction by Rodrigo when he sees Diego approach alone, and a much better worded and more convincing speech when Diego appeals both for mercy and the promised help:

> Et desque se vieron así tan trabajados estar, demandaron por Dios a los moros la tregua, & non por más tienpo de quanto fuesen fablar con sus Reyes dellos, & los contrarios gela ortogaron, & saljó vno de los ynfantes que se desía Diego

> Ferrandes con aquel seguro sobre su fe, et fue fablar a Aljcante & a Viara & a Galue & a Barrasjn, Reyes moros que y eran, & la rrasón sobre qué fue atal que si les plasería que viujesen & fuesen presos, & los moros le rrespondieron que en aquesa parte tal non farían saluo aquello que su tío qujsiese, & que le darían logar sobre su fe que lo fuese rrecabdar dél, et si dél lo rrecabdasen, que a ellos plasería de buena voluntad, & donde non, que se bolujese allj a aquel logar onde saljera, & a Diego Gonçales plogo mucho de aquello, & dioles dello su fe, & fuese luego para onde estaua el traydor de su tío, don Rrodrigo. Et quando el traydor lo vido venjr, pesóle mucho de coraçón et non lo podía mjrar en el Rostro porque cuydaua ya que todos eran muertos. Et Diego Gonçales, su sobrino, díxole así: "O, señor tyo, don Rrodrigo, sea agora vuestra merçed que nos prometáys la vida & nos queráys acorrer en aqueste trabajo en que estamos, ca Nuño Sabido es muerto, & asimjsmo todos los suyos, & de nuestros tresientos caualleros que aquj traximos, non queda tan sólo vno en esta vida que muerto non sea, & nosotros somos apocados en las fuerças & muy mortalmente feridos, & avn Ferrand Gonçales, el nuestro mayor hermano, mataron en estas oras. Et plega agora a la vuestra merçed de ser contento con el nuestro mal, et de nos prometer la vida, pues que de los moros la alcançamos sy a vos plogujere." Et quando el ynfante acabó de fablar, Respondióle luego el traydor de su tyo, disiendo: "Amjgos, yd a vuestra ventura. O si cuydáys que tengo olujdada la desonrra que me fesistes..." (151v-b).

The *infantes* then return to battle and are accompanied by three hundred of Ruy Velázquez's men who sympathize with them and help them fight the Moors. Soon, again, the three hundred troops are killed, and this time the Moorish kings, with great compassion, stop the battle and recover the *infantes*. When Ruy Velázquez finds out they are not dead, he rushes to the kings. In 1344 the scene continues in this way:

> E quando Ruy Vasques esto sopo, fue para Alicante & para Viara & los otros Reyes, & díxoles que fasían muy mal en dexar tales omnes a vida

como aquéllos, & que se fallarían ende mal sy los non matasen, & que si los dexauan, que él non tornaría más a Castilla, mas que se yría luego para Córdoua para Almançor, et que les faría cortar las cabeças por ello (157a; 140,20).

In the *ref. tol.*, this passage is expanded, but in a way that shows Ruy Velázquez to be a very terrible man. First, he lies saying that if they live, it will cause the downfall of the moorish territory, then he says that God (Allah in this case) would not want them to fall into such an error. Ruy Velázquez acts variously as a Christian or a Moor, attributing opinions either to God or to Allah, whichever suits him best at the moment. In the *ref. tol.* there is also a bit of irony; the kings have planned to take the *infantes* (living) to Almançor, while Ruy Velázquez's plan is only to take their heads to Almanzor. This scene in the *ref. tol.* is presented this way:

Et quando el traydor de su tío sopo en cómo non eran muertos & los tenjan así de aquella gujsa para leuar a Almançor a Córdoua, caualgó luego muy de priesa & fuese para onde los rreyes moros estauan, e díxoles que ellos fasían muy grande mal en dar vida a tales omnes como aquéllos, pues que sabían de çierto que por qualqujera que dellos quedase, se auja de arder toda la tierra de moros, et que non qujsiese Dios que ellos en tal yerro cayesen, njn la esperiençia de lo tal viesen, et que non curasen de los leuar a Córdova, njn a otro logar, saluo que los matasen a todos allj luego; si non, que juraua a Dios de non torrnar para Castilla, et que se yría para Córdoua para Almanzor, & que les faría presto cortar las cabeças a todos, porque yuan contra el mandamjento de Almançor (153r-d).

With this news, the kings return the *infantes* to the place where they had been, and the Moors attack them. After a great battle, the Moors first kill their horses, then they decapitate the *infantes* one at a time under the watchful eye of their uncle, who wanted them to be decapitated in the order that they were born, oldest to youngest. During this act, the *ref. tol.* adds: "Et llorauan ellos [los reyes] et rreyase él," (154r-b) again insisting on the evilness of Velázquez.

When it is Gonzalo González's turn to be decapitated, he revives himself and sees that his brothers are all dead. In both versions he seizes the sword that is to decapitate him and kills about twenty Moors. In the *ref. tol.*, Gonzalo's last act has more purpose than in 1344 since he kills the twenty Moors trying to reach his uncle in order to slay him because: "vido a su tyo que y estaua sobre su cauallo tomando muy syngular plaser" (154r-b). It was Velázquez's delight at this horrible act that provoked young Gonzalo to try to take his uncle's life. In 1344 he doesn't try to kill his uncle but strikes dead anyone in sight and reach. The author of the *ref. tol.* gives reasonable motives for actions in his version of the legend where 1344 lacks them. In contrast again to Gonzalo's last act, Ruy Velázquez is once more made a coward by our author. The *ref. tol.* recounts that he killed the twenty Moors:

> por alcançar a su tío, comoqujer que estaua arredrado & sobre vn buen cauallo. Et dio luego el traydor de don Rrodrigo muy grandes boses a todos los moros que se juntasen con él syn temer de la su espada, si non que los mataría allj. Et non con poco mjedo el traydor aquesto desía…" (154r-d)

and the Moors kill Gonzalo. In 1344 there is nothing of this; after he kills the twenty Moors there "los moros non cataron por las ferydas que les dauan [&] ayuntáronse a él tantos que le tomaron las manos e cortáronle la cabeça" (157c; 142,9). Again, the *ref. tol.* makes a dramatic and important scene out of one that is only potentially dramatic in 1344.

Once the *infantes* are dead, Ruy Velázquez assures the Moors (in 1344 just Alicante; in the *ref. tol.* all four kings) that no harm will come to them from Castile or León.

In 1344, a scene follows where Alicante writes a letter of challenge to Ruy Velázquez in Almanzor's name because of the heavy Moorish losses. In the *ref. tol.* the letter is stronger because first Almanzor is sent word of the losses and he *personally* writes the letter of *desafío* to Ruy Velázquez giving the reasons that:

> ...mjntió a Almançor, disiendo que los tomarían a manos & syn muerte de onbres. Et después, porque non ovo en él piadat alguna, & ouo en él tan grand crueldat siendo vmano, a qujen toda la vmanjdat deuja ser muy contraria & lo aborresçer & matar (154v-d).

In 1344 there is a reaction reported when Ruy Velázquez receives Alicante's letter:

> Después que ouo leyda, començó de llorar & lançar mano en las baruas & desir ansy: "¡Captivo! ¡Cómo soy malandante por el malfecho que fise, ca he perdido quantos parientes & amjgos auja! Et daquí en adelante, xpistianos njn moros non fiarán de mj porque fise tan grant trayçión" (157d, 142,30).

The Ruy Velázquez that the *ref. tol.* has created is not capable of such remorse, and so this scene had to be left out. The Ruy Velázquez of the *ref. tol. does* show shame only when approached by a relative that he has betrayed, shown earlier when Diego González approaches him to ask for help (151v-d) and later when Ruy Velázquez is in the presence of his sister (172v-b).

Certainly the dramatic climax of the whole legend is when the heads are shown to Gustios by Almanzor in Cordova. This scene in 1344 is worthy of being quoted in its entirety (to be contrasted later with the one in the *ref. tol.*):

> Díxole ansy: "Gonçalo Gustius, lidiaron los mis poderes en el canpo de Almenar & ganaron ocho cabeças, & disen que son de tu ljnaje. Que Dios te salue que me digas la verdat de cómo es." Et entonçe rrespondió Gonçalo Gustius & dixo: "Si ellos son de Castilla, conosçerlas he yo. Et si son de la fos de Lara, otrosí bien las conosçeré, ca serán de mj ljnaje. Entonçe le mandó Almançor lançar vna manta en aquel llano. Et mandó lançar las cabeças, & violas enbueltas en sangre & en poluo. Et començó de las aljnpiar con aquella manta & afemençólas bien en tal manera que las conosçió. Et entonçe

dixo a Almançor: "Señor, yo conosco muy bien estas cabeças porque las siete son de mjs fijos & la vna es de mj conpadre, Nuño Salido, que los crió, & non los qujso muy grand bien qujen las aquí ayuntó." Et entonçe dixo: "¡Captiuo, desconfortado so para sienpre!" et en disiendo esto, vio estar vna espada colgada çerca de sy, & tomóla en la mano & saljó al corral & topó con tres moros de aquellos que eran guardas del Rey, et quando lo ansy vieron yr, cuydaron que foya & quisiéronle torrnar a la cárcel, & cortóles las cabeças a todos tres (158a; 144,7).

In the *ref. tol.*, the eight heads are already on display when Gustios is brought in. Since this episode is the emotional climax of the story, and the speech in his 1344 model does not fit the tone of the scene, the author of the *ref. tol.* drops the speech entirely, and the scene is reworked into something much more intense:

Preguntóle Almançor si conosçía aquellas cabeças, porque le avía[n] dicho que eran de omnes de su ljnaje, las quales aujan ganado sus moros en el canpo de Palomas. Et rrespondió Gonçalo Gustines, disiendo así: "Señor, bien paresçen ellas cabeças de castellanos, et desque las yo bien viese, yo vos diré sy son de Castilla o la fos de Lara, ca en cada vna de aquestas partes tengo yo parientes, & bien podrá ser que sean de mj ljnaje." Et tomólas Gonçalo Gustines, vna por vna, et començólas de aljnpiar de la sangre & lodo que sobre sí trayan. Et así como las ovo ljnpias, el triste viejo conosçió que eran de sus fijos. Et luego, syn más dilaçión, súpitamente saljó de su seso & sentido, et tan grand fue la rrauja que le tomó, que se arremetió a vna espada que vido colgada en vna pared, et qujsiérase luego con ella matar. Et porque vn moro gelo estoruó, matólo luego con ella. Et mató asimjsmo otras quatro presonas que delante de sy falló, et avn así fisiera al rrey, ssy lo alcançar pudiera. Et con aquesta rrauja, saljó a la calle et mató otros tres omnes" (155r-b).

The author of the *ref. tol.* makes Ruy Velázquez more of a villain in his version than he is in 1344, and he also makes the sympathetic characters more sympathetic than they are in his model. Here, Gustios' first inclination is to kill himself, not other people, as in 1344. His fury is caused by grief in both versions, but it expresses itself differently in the two chronicles.

Once Gusitos has returned from his rampage, he begins to speak with certain calmness to the heads, delivering eulogies. He starts with Nuño then takes the heads of the seven, one by one, and gives a speech about each one. 1344 records all eight speeches, but the *ref. tol.* does not. There was a reason suggested earlier why the eulogies of the *infantes* were left out, due to a confusion among the sons that the author created for himself. However, there is another reason which may be valid. The author of the *ref. tol.* is concerned with making scenes dramatic that have the potential, and he has already made this scene more dramatic than it was in his model. But he is also concerned with actions and speeches that show character or that further the action. The speeches, as moving as they are, bring the story to a halt and do not develop Gustios' character any. The speeches can be found in *Cintra*, p. 134,25, and in *Inf.*, p. 280, 19.

After this episode, the two versions differ quite a bit in detail, although they deal with the same topics. In 1344, Almanzor sends his sister, a princess, to comfort Gustios. She does not want to go, and finally goes only because she is threatened by him. Gustios is in the room with the heads of his seven sons when she arrives (it is not a pleasant place for her to be), and she begins to tell him a made-up story about how she once had seven sons and she saw them killed by Christians. She says that perhaps he can still have more children who can avenge his others. With this, Gustios says: "Conbusco faré el fijo que a los otros vengará" (159c; 149, 28). She advises him not to, but:

> Gonçalo Gustius dixo a ella [que] non dexaría por quantos moros avía en España. Et comoquier que fuese laserado de la muy mala prisyón que oujera & muy mal de comer, todo en aquella ora se le olujdó, & lançó en ella las manos & yogo con ella. Et ansy touo Dios por bien de aquel ayuntamjento

> [que] fincase ella preñada de vn fijo que después llamaron Mudarra Gonçales que fue después muy buen xpistiano, & a serujçio de Dios fue el más onrrado omne que ouo en Castilla afuera del conde don Garçi Ferrandes que ende era señor... (159c; 150,1).

Gustios spent only an hour or so with the *infanta* in 1344.

The author of the *ref. tol.* found the act of rape to be too out of character for the Gustios he created, so he changed the episode considerably. Also, his technique prohibited him from including the predictions that end the quote above.

In the *ref. tol.*, Almanzor persuades (rather than threatens) his sister to comfort Gustios after he has been moved to a different room (away from the gruesome sight of the heads), and she does comfort him and bring him back to his senses:

> Et como la donsella le tomaua de los braços & se le allegaua a la cara & le desía muy dulces palabras, óuolo de sacar de aquel triste sentido, & metiólo en la natural Rasón, & físole entender en cómo todo aqueste mundo era vna suma de vanjdat. Et tanto se le allegaua con él su rrostro & con la boca suya que el viejo ovo de tomar el su amor por conorte del su mal. Et tanto se amauan que a cabo de días algunos, que oujeron anbos de catar manera como vistos non fuesen, et así yogujeron de aquella ves en vno anbos a dos, que más non ovo con ella que ver, & de aquella ves sola, quedó la ynfanta mora preñada (156r-b).

After this in the *ref. tol.*, when she learns that she is pregnant, she tells him the made-up story about how she had eight sons who were killed by Christians and that she was able to comfort herself. Then she tells him that he is not so old that he couldn't have any more children to avenge his others.

Instead of raping her (as in 1344), Gustios makes love with her on account of actually being in love, and this love is generated after being together for several days (again unlike 1344). The author of the *ref. tol.* gives a whole new meaning to the story of the *infanta's* sons by placing it here. Instead of inspiring him to rape her, as it did in 1344, it inspires him with hope and consolation, and it creates another situation of dramatic irony of which our author is so fond, since she is already pregnant with the son she predicted he could have.

When he is ready to leave, in 1344, the *infanta* goes to him and says:

> "Amigo, señor, vos ydes uos, & bien creo que de nuestro fecho non quisistes a Almanzor desir nada. Sy por aventura algunt fijo engendramos, ¿ónde uos yrá a buscar por padre?" Et le dixo: "Esto vos diré yo bien. Tomad esta media sortija & sy fuere omne, dátgela desque fuere tamaño & desitle que me vaya buscar a Salas & a Baruadillo & y averá de mj Recabdo. Et yo guardaré esta otra media por señal desto, & si muger fuere, datla a Almanzor que la podrá muy bien casar" (159d; 150,24).

In 1344 the *infanta* goes to him since he would not have bade farewell to the her, owing to circumstances; but in the *ref. tol.*, since they were in love, he goes to see her before leaving. She already knows she is pregnant and says:

> "Señor, vos yréis en ora buena para vuestra casa, et sabed que yo quedoençinta de vos & non sé qué faga de mj." Et rrespondió entonçes Gonçalo Gustines: "Señora, sy vos parierdes fenbra, crialda en grant poridad, & honrralda por mj amor. Et ssy varón fuere, enviármelo hedes a mj casa lo más honrradamente que podredes." [Y la infanta dijo:] "Et para esto vos pido mucha merçed que me dedes vna vuestra señal por que ssea por vos vuestro fijo conosçido & acatado." Et quando Gonçalo Gustines aquello oyó, considerando la verdat et honestad de la ynfanta, et lo que della se desía, otorgó con ella ser bien aquello que le desía, et pidióle de merçed que sy varón fuese, que gelo enbiase a él en todo caso. Et sacó Gonçalo Gustines de su dedo vna sortija, et quebróla por la meytad, et diole la media a la ynfanta, et la otra rretouo en ssy (156v-d).

In 1344 the half-ring is seemingly already prepared when she suggests she may bear a child. In the *ref. tol.* she tells him that she needs some tangible means of identification for the child, and only then does he break a ring in half as a signal. In the *ref. tol.* the order of events in this scene is more believable than in 1344.

Once he returns home, both versions state that he spent eighteen years in a sad state, but 1344 explains: "Duró xviij años esta captiujdat fasta que le Dios puso consejo" (160b; 152,14). The *ref. tol.* is not willing to allow such a prediction in its version.

The scene then returns to Cordova for the birth of Mudarra. The *ref. tol.*, to be complete, talks of the circumcision of the baby at eight days and also of whether or not they should give him a Moorish first name and González for a last name. No mention is made of these things in 1344.

1344 says that while Mudarra was an infant, Almanzor:

> Mandóle faser omenaje a quantos otros Reyes auja por vasallos que sy lo vençiese de días que lo obedesçiesen con la tierra toda bien como a él mismo (160c).

but the author of the *ref. tol.* sees that something has been left out. Here, he makes Mudarra the legal son of Almanzor before such a proclamation can be made, and he waits until Mudarra is five years old. "Tan grande era el amor que le Almançor tenja que le ouo de porfijar. Et porfijáronlo amos a dos, él & su muger" (158r-c).

When Mudarra learns from his mother who his father is, he goes to Almanzor to tell his uncle that he will go looking for his father. In both versions, Almanzor allows him to leave, but the Almanzor of the *ref. tol.* (who is made more sensitive) wonders if the youth wants to leave because of any other reason: "Et sy por alguna [otra] cossa lo faséys, yo qujero della faser emjenda" (159v-d).

Mudarra then goes off seeking his father. His activities along the way, although similar in effect, their causes differ considerably in the two versions. In 1344, Mudarra is unreasonably mean:

> Et andudieron tanto fasta que llegaron a Bil-
> uyestre que era lugar del traydor de Rruy Vasques.
> Et poso ally, & fallaron mucho abondamjento de
> todo lo que oujeron menester. Et el su mayordomo
> dixo que fasían muy mal que a Rruy Vasques toma-
> uan lo suyo, non le pagando por ello nada. Et que
> sy él y fuese, que lo vedaría muy mal. Et porque dixo
> [esto], le mandó Mudarra Gonçales dar tantos palos
> que non fablaua cosa. Et otro día de mañana mandó
> quemar a Bilbujestre (161b; 156,6).

In the *ref. tol.*, Mudarra's actions are perfectly reasonable and justified, and he is certainly no thief:

> Andouo por su camjno fasta que allegó a vn lugar
> que se desía Syluestre, el qual lugar era de aquel
> traydor, don Rodrigo de Lara. Et y mandó tomar por
> sus dineros todo lo que le era de menester, & porque
> después vn mayordomo del traydor de don Rodrigo
> dixo a algunos de don Mudarra algunas palabras
> desonestas, mandóle dar muchos palos. Et porque
> los del pueblo acudieron a ello, mandó luego que-
> mar & destruyr todo el logar (160r-b).

The words here are almost exactly the same except for what the *ref. tol.* author has added, yet Mudarra is a much better person in this version through the supplementary words.

As Mudarra gets close to Salas, Doña Sancha tells Gustios of her prophetic dream (which is more detailed in the *ref. tol.* than it is in 1344) before he goes to mass. At this point in the *ref. tol.* there is an outburst by the author, attributing it to *la estoria*:

> Et cuenta agora la estoria que, después que Gon-
> çalo Gustines vino de tierra de moros para su casa,
> dos cosas cabsaron de cada día la destruyçión de sus
> gentes & de su fasienda & casa & salud; la primera,
> el grant dolor & quebranto de la pérdida; et la se-
> gunda, el grand themor que del acresçentado pode-
> río de su enemjgo tenja. Et así eran de todos bienes
> menguados, que non es cosa para escreujr (161r-a).

When Mudarra's messenger arrives in Salas, the two versions differ as to how he finds his father's house. In 1344:

> Llegó el escudero de don Mudarra Gonçales et preguntó por los palaçios de don Gonçalo Gustius & de doña Sancha, & mostrárongelos (161c; 157,11).

This solution is too straightforward for the author of the *ref. tol.* who handles it this way:

> Asy que entrando por el logar, quando aquel pueblo tan desbaratado & despoblado vido, quedó mucho maraujllado, et, non fallando a qujén preguntar por la posada de Gonçalo Gustines, se fue cara vnas paredes altas de vn viejo, caydo & desbaratado palaçio que y era, onde, dando muy altas boses, entró preguntando por él. Et como njnguno le rrespondía, entróse este escudero por vna muy grand sala toda cayda, & vido estar a vn rrincón della vna muger vieja, pobre & muy desnuda & flaca ... (161r-b).

who was doña Sancha. Here, again, our author refuses the simplistic solution and creates a dramatic one.

In 1344, when she is asked the whereabouts of doña Sancha by the *escudero*, she begins to cry and responds: " 'Yo so la mesquina de doña Sancha que non fuese nasçida.' Et entonçe el escudero fuele besar las manos, & diole vn par de nobles paños" (161c; 157,20). Here is another place where the author of the *ref. tol.* uses his sense of drama to change the passage. Realizing that doña Sancha has no real reason to start crying in 1344, he gives her such a reason in the *ref. tol.*, and her tears move Mudarra's messenger to tears as well:

> Et doña Sancha, quando lo vido asy preguntar, cuydando que era suyo de aquel traydor, don Rrodrigo, començó de llorar, disiendo: "Amjgo, ¿qué vos plase a vos de Gonçalo Gustines, que avn es en la mjsa, et de mj, la triste de doña Sancha, su muger, que plogujese a Dios que ya en el mundo non fuese?" (161r-c).

Once the messenger has given doña Sancha the presents and identifies who his master is, in 1344, doña Sancha says: "Dios quiera que sea el açor que yo esta noche soñaua." (161d; 157,28). The author of the *ref. tol.* omits this quote; he cannot allow doña Sancha either to suspect or predict who Mudarra is, at least at this very early stage.

When Mudarra is on the way to Salas, he stops in a church. His activities in the two versions differ. In 1344, he goes into the church to pray:

> Falló vna eglesia & entró en ella a faser oraçión ansí como veya faser a los otros xpistianos. Et quando se leuantó con ellos, paró mientes por la eglesia & vio las cabeças de los jnfantes, sus hermanos, & estouo sobre ellas llorando, & dixo a Dios: "Verdat que del mundo es, Señor, que poca será la mj vida si yo estas cabeças de mjs hermanos non vengo" (162a; 158,24).

In the *ref. tol.*, he enters because of curiosity:

> Vido estar vna iglesia por meytad de la carrera onde algunos xpistianos entrauan & saljan a faser oraçión. Et ouo talante de entrar por ver la manera que los xpistianos tenjan en su tierra de contenplar. E quando dentro fue, tomóle voluntad de se encomendar a Dios, así de rrodillas, como los otros fasían. E fiso allj su oración muy deuotamente. E quando ouo dicha su oraçión, leuantóse en pie & començó de mjrar por la iglesia, & tanto mjró por ella que ouo dever aquellas siete cabeças de todos los ynfantes, sus hermanos, que allj eran, & así como las vio, entendió que aquellas deujeran de ser de sus hermanos, segund que la ynfanta, su madre, le oujera ya dicho. E començó de se yr contra ellas, et con muy mansillosas & tristes lágrimas que detener non podía, començó a desir a Dios: "Mj Señor, digo mj verdat, que mj vida poco será sy yo aquestas cabeças ... non vengo a mj voluntad" (162v-a).

In the *ref. tol.*, unlike 1344, Mudarra sees the heads in the church and has to figure out whose they are. All through the *ref. tol.* personages have had to use brainpower, whereas in 1344, things seem to be known *a priori*.

Once Gustios recognizes Mudarra as his son, the *ref. tol.* adds a feature not found in 1344. It will be remembered that in the first half of the legend, Gonzalo González was the hero, the bravest, the most sensitive, and also the most offended by Ruy Velázquez. In the *ref. tol.*, Gustios begins to call Mudarra by the name of his other son Gonzalo, because he looks so much like him:

> Nunca por otro nonbre lo pudo llamar saluo por el de Gonçalo Gonçales, su fijo menor, quél mucho amaua, disiéndole: "Fijo mjo mucho amado, et pues vos avéys la mjsma semejança de vuestro hermano y amado fijo mjo, don Gonçalo Gonçales, nunca otramente vos llamaré" (164r-c).

This completes a circle; Gonzalo was the hero of the first part, and his 'twin' is the hero of the second part; Gonzalo was the most offended by his uncle, and Gonzalo will avenge him. 1344 has nothing of this literary touch; in fact, in 1344, Mudarra specifically refuses any name change at all.

By order of the count, they all go to Burgos along with the grandees of Castile. The order of events is slightly different in the two versions concerning what happens along the way.

In 1344, before the party leaves Salas, Mudarra steals away with his men at night in order to raid and burn Barbadillo since it was the place where the letter of death was written and where the treason was planned. After this deed they return to Salas. In the *ref. tol.*, the actions are more efficient. Since Barbadillo is along the way to Burgos, the raid is effected the first night out.

In Burgos, Mudarra says to Garçi Fernández that he wishes to become a Christian and wants the count to make him a knight. At this point in 1344, doña Sancha says to the count: "Señor, quando cras fuere cauallero don Mudarra, yo quiero Reçebirlo por fijo & heredarlo en mis bienes ante uos." (162d; 161,29). In the *ref. tol.*, the author must have thought that the count was the wrong person to tell the news to. Here, she reveals it directly to Mudarra: "Quando mañana uos fuerdes xpistiano & cauallero, yo vos qujero Resçebir por fijo & heredarvos en mjs bienes todos" (166r-a). She also removes the Latin *cras* and substitutes the more current *mañana*.

During the ceremonies that follow, in both versions Mudarra crawls through the sleeves of a mammothly oversize shirt that doña Sancha is wearing, as if she is giving birth to him symbolically, and he officially becomes her son. However, the two versions differ here concerning his name change, as alluded to before. 1344 at this point reports:

> El que antes auja nonbre Mudarra, ouo de allí adelante nonbre don Mudarra Gonçales, ca él non quiso que le quitasen el nonbre (162d; 162,11).

In the *ref. tol.*, Mudarra has been called Gonzalo González by his father, and that name change was effected in the ceremony: "Et donde primero le desían Mudarra Gonçales, púsole en la pila nonbre don Gonçalo Gonçales." (166r-a). He is referred to with this name in the *ref. tol.* until the end of the story; the author, Mudarra himself and even Ruy Velázquez call him by this name.

It is finally decided that Mudarra will go after Ruy Velázquez who is in Amaya with his two hundred men. The chase starts with Mudarra and his thousand men pursuing their enemy from Amaya to Espeja, about 350 km., which is quite a long chase, considering the number of people involved. In 1344, the flight of Ruy Velázquez is recorded in skeletal fashion only, giving just the barest information. From start to finish, 1344 uses only 670 words. The author of the *ref. tol.*, recognizing the length of the flight, and taking advantage of it to make the chase more dramatic, uses 1250 words. With the extra words, the author of the *ref. tol.* has done two things. First, he has made Ruy Velázquez to be more of a coward than he is in 1344, and second, he has increased Mudarra's anger at every stop along the way.

Once Ruy Velázquez is trapped and is waiting to meet Mudarra, he tells his men that he will fight him alone, and at the same time gives himself, at least in the *ref. tol.*, much encouragement. 1344 records the last half of his speech this way:

> "Et sy veo el fijo de la rrenegada, yo cuydo de le dar vn golpe tal que me non fincará en la sylla, & si le yo derribo, vençidos serán estos otros todos, que me non osarán atender" (163d; 165,21).

In the *ref. tol.*, Ruy Velázquez makes the speech more insulting to Mudarra (now known as Gonzalo González), and more self aggrandizing to himself:

> "Et agora, mjs leales amjgos, sed bien çiertos que sy me bien ayudardes & sigujerdes, yo cuydo aquj en aqueste Valdespera, castigar muy bien a Gonçalujllo, fijo de la rrenegada, ca non entiendo yo en todo el canpo catar otro alguno saluo a él, porque creo que si les yo aquél derribare, a todos los otros he vençido, ca njnguno de todos ellos non me osará después en el canpo atender, ca veynte años et más ha que los trilla mj themor, & non son nada saluo aqueste que me non conosçe. Et yo fasta aquj, fuy por vuestro rreçelo de non derramar la vuestra sangre, et agora espero por derramar la suya" (169v-a).

When Mudarra approaches Ruy Velázquez's camp alone, Velázquez goes out alone to meet him, and neither recognizes the other. In 1344, their conversation begins in the following scene: "E entonçe Ruy Vasques fiso pregunta a don Mudarra quién era, & él le dixo: 'Ciertamente yo so don Mudarra.'" (164a; 166,17).

Since neither knows the other, the author of the *ref. tol.* uses his skilful and tense dramatic irony again here, this time provoking great rage in Ruy Velázquez:

> Ruy Vásquez comenzó la fabla de aquesta gujsa, disiendo: "¡Qujén soys vos?, desí, cauallero, o ¿a qujén queréys?" Et don Gonçalo rrespondió, "Yo soy don Gonçalo Gonçales, que de ante me desían don Mudarra, sobrino del rrey Almançor & fijo de la su hermana. Don Gonçalo Gustines me ouo en ella engendrado a serujçio de Dios para vengança Resçebir de vn grand traydor que entre vosotros es" (170r-c).

Once they decide on the style of combat, they return to their men to tell them only the two of them will fight, and this upsets Mudarra's father very much. 1344 records Gustios' speech as follows:

> "Fijo, fuerte cauallero es el traydor, ca non ha en España su par en las armas, ca yo lo conosco muy bien. Et por ende, mj fijo, dexa tú a mj ljdiar con él, & vengarme he del captiuerio & de mjs fijos que me fiso matar" (164a; 167,16).

For the author of the *ref. tol.*, this speech is not emotional or convincing enough and so he expands it to read this way:

> "Fijo, amjgo, vos non avedes fecho bien, ca vos traedes muchas más & mejores gentes que non él. Et él es omne fecho & de más duras carrnes & de más fuerça, & en la España non ha su par en las armas. Et vuestra tierna hedat non podrá conportar a la vuestra tan buena voluntad & coraçón varonjl. Et así, fijo, non vos pongades vos en esto. Et si todavía lo querréys segujr, dexaduos a mj con él, que en hedat somos eguales. Et comoqujer quél séa de más fuerça que yo, así yo soy más agraujado por él, onde plaserá a Dios yo vengare en él las mjs mansillas & catiuerio" (170v-d).

When doña Sancha is brought before her brother, he is still bleeding from the wound inflicted by Mudarra. In 1344 she says: "Loado sea syenpre el nonbre de Dios & muchas graçias le do yo del bien & merçet que me fiso, ca agora será suelto mj sueño" (164d, 169,17). The author of the *ref. tol.*, on the other hand, as usual is not willing to be so obvious, and simply has doña Sancha say: "Agora es mj sueño suelto" (175v-c).

When doña Lambra finds out that her husband has been executed, she goes to see Garci Fernández to solicit protection. 1344 says: "Quando la aleuosa de doña Lambra sopo esto, vjno para el conde, cuydando que fallaría en él cobro porque era su parienta" (165a; 170,24).

Evidently the word *aleousa* made the author of the *ref. tol.* dwell for a while on doña Lambra, and the word inspired this unprecedented outburst:

> ¡Oh, aleuosa, maldita, enconada, enponçoñada, sobre quántas bjuoras son & fueron para mal faser en este mundo nasçidas! Y ¿qué es de ti, maluada perra dañada y de rraujosa rrauja cabsadora, çima de las tus grandísimas destruyçiones? ¿Por qué no suenas en aqueste rrepique, así como en la tan grande malandança de Castilla Repicaste & sonaste? (173r-c)

When she sees the count, she claims innocence in what her husband did and asks for his protection. He refuses in these words, according to 1344:

> Et entonçe el conde don Garçi Ferrandes le dixo: "¡Vos mentides como grande aleuosa, ca vos basteçistes todas estas trayçiones malas quél fiso, & vos érades señora & Reyna de las mjs fortalesas! De aquí adelante vos desafío el cuerpo, ca yo mandaré a don Mudarra Gonçales que vos faga quemar, o mandaré las vuestras carrnes espedaçar a canes, & la vuestra alma será perdida para sienpre." (165a; 171,2)

The count in the *ref. tol.* gives a speech, not unlike in tone and language, the outburst by the author of the *ref. tol.* quoted a few paragraphs back:

> E quando el conde así de súpito la vido ante sy & le oyó desir tan syn vergüença y tan syn temor aquestas tan mentyrosas palabras, fue de todo punto fuera de sy, que non podía torrnar en sy, njn avn mjrar, njn fablar contra la tan maldita fenbra. Pero, a cabo de pieça, el conde torrnó en sí, disiendo: "¡O, la enconada cabsa principal de la destruyçión de Castilla, maluada y aleuosa fenbra, muy mayor traydora, matadora & destruydora que tu marido! ¡Tú mjentes como mala çismadera destruydora, ca tú non eres de mj sangre, njn a Dios plega que tú seas parienta mja, ca si tú de mj sangre fueras, no basteçieras por ty sola y por tu maluado yngenjo todas quantas trayçiones y males tu traydor marido fiso,

njn te alçaras tú njn él con todas mjs fortalesas, de las quales eras fecha ya señora contra todo, Dios & justiçia, & syn vergüença, njnguna, njn temor! Pues agora, maluada muger, así como sopiste ordenar todo quanto mal ordenaste, sey agora tú muger para te saber valer & conponer, ca de mj te çertifico si non por me non enconar en ty, yo te faría mayormente ajustiçiar que al traydor de tu marido fisieron. E non esperes en mj otro cobro njn fauorança njnguna, saluo que yo te prometo que te encomendaré a don Mudarra para que faga de ty justiçia, aquella que tú meresçes. Et vete luego de delante de mj, & conponte como mejor podrás, ca mj entençión non es al de lo que digo" (173v-c).

It should be noted also that whereas in 1344 she is called *vos*, here she is called *tú*, which the *ref. tol.* author has used all the way through his text to be insulting (Nuño Salido to Ruy Velázquez, 150r-a; Gonzalo González to Ruy Velázquez, 153v-b; Mudarra to Ruy Velázquez, 170r-d). 1344 uses *vos* in all of these cases.

In 1344, doña Lambra flees by night and disappears until the death of Garçi Fernández. Then Mudarra "la mandó despedaçar" (165d; 171,10). In the *ref. tol.* there is more intrigue. After the count's harangue, she takes hold of his royal skirts and shouts: " ¡Valedme señor, e non me dexéys perder, que mayor es vuestra nobleza que la mj maldat! " (174r-a). Then a courtier has pity on her and takes her to the sanctuary of a church, from which she later goes to a monastery. Gonzalo González (Mudarra) knows where she is, but refuses to do anything until the death of the count. Our author does not say what punisment she received, except that it was "muy cruel justiçia" (174r-c).

This exposé has shown the literary devices used to polish, improve and make more dramatic and intense the legend of the *infantes*. The *enfadosa palabrería* or *hinchada palabrería* turns out to be a conscious effort by an expert story teller to justify actions, create drama and heighten intrigue in his narrative.

Part 3

ABOUT THE MANUSCRIPTS AND THE EDITION

1. *Description of the Manuscripts of the* Refundición Toledana

There are only two manuscripts of the *ref. tol.* which are called *Ma.* and *Sa.* here (Menéndez Pidal calls the first one *A* and the second one *B* in *Inf.* p. 355 and in *Reliquias*, p. 237).

Manuscript *Ma.* is the base manuscript dating from around 1460 (*Reliquias*, 237). It is found in the Biblioteca Nacional, No. 7594 (formerly T-282). Folios 139r through 174r deal with the *infantes* legend. There are chapter titles and large capitals at the beginning of each chapter, but there are no chapter numbers. In the transcription, all chapter numbers are taken from *Sa.*

Folios are of paper, 250 × 190 mm. in size. There is only one column of writing per side (writing area is 215 × 150 mm.), and there are from 30 to 34 lines per page, with the rectos averaging a few more lines than the versos.

Manuscript *Sa.* dates from the late fifteenth century. It was formerly of the Biblioteca Real, No. 11-1853-S (old 2-M-5), but has been transferred to the Biblioteca Universitaria de Salamanca, No. 2585. Folios 150r through 181v deal with the *infantes*. All chapters have titles and are numbered, but the large capitals at the beginning of the chapters were not put in. Through chapter 201 chapter titles are preceded by an Arabic number and are followed by a Roman numeral. Starting with chapter 202, only the Roman numeral is used, preceding the chapter title. The number for chapter 204 is missing.

Folios are of paper, 249 × 205 mm. in size. Again there is only one column per side, 39 or 40 lines, and the writing area is 220 × 150 mm. Folio 161, found in the *infantes* episode, is missing.

2. *Transcription Norms*

The *Ma.* manuscript has been transcribed as it is, letter for letter; the few exceptions to this are documented in the footnotes. Punctuation, capital letters and accent marks have all been added, and a very occasional missing cedilla or tilde has also been put in.

Words that are abbreviated in the manuscript are spelled out fully as they are normally represented in the text. In all cases *italics* show what has been added. The abbreviation for *christiano* uses the Greek letter beginning, *xp,* and is transcribed *xpistiano.*

Occasionally something that was apparently missing has been added to the transcription of the *Ma.* text. Anything added (a word, a syllable or a letter) appears in brackets, even if the item is found in the *Sa.* manuscript.

Since there are only the two manuscripts, foliation is shown for both. Folio numbers of *Ma.* are found in the body of the text itself, while folio breaks of *Sa.* are shown in footnotes.

As mentioned earlier, all of the chapter numbers in the transcription come from *Sa.* No special notation is used for this.

For an easier reading of the text, there are some graphs worthy of special attention. Instead of *mi, ni, li* and *ui* the *Ma.* manuscript shows almost exclusively *mj* (*mjedo, mj*), *nj* (*njnguno*), *lj* (*salja*) and *uj* (*aquj, qujero; volujó*). Very seldom an *i* is found instead of a *j* in these clusters (e.g. *libres* [150v-a]).

U's, v's and *j's* can be vocalic (*mundo, vno, mjs*) or consonantal (*uos, vido, fijos*). The graphs *uj* and *vi* have equal distribution in the text; both *auja* and *avia* are found. Occasionally a *y* will substitute itself for a vocalic *j* or an *i*. Sometimes a *j* or a *y* will be stressed (as in *aquj* or *a my*), but since the Spanish language does not admit accent marks on *j*'s and *y*'s, none have been put in.

In initial position an *r* is written either with a capital *R* or two small *r*'s, and these graphs have been transcribed the way they appear in the manuscript. In the text *rruy* would be transcribed *Rruy* because it requires a capital, and *Ruy* would be transcribed *Ruy* because the capital is already there; this will account for the *Ruy-Rruy* alternation in the text.

Where modern Spanish uses a *z* (or a *c* before *e* or *i*), *Ma.* uses an *s* in the majority of cases (*rasón, disiendo*). Infrequenty the author does use a *z* graph (*noblezas, diziendo* [143v-d]).

Finally, *commo* has been transcribed *como* at all times.

3. *About the Footnotes*

All footnote entries in the text refer to *Sa.* unless specific mention is given to *Ma.*, and only those variants that have phonetic consequence or are not standard are listed. Those variants that are always the same or are of no phonetic consequence are described below.

To facilitate situating variants in the text, the following convenient method has been adopted. Footnote numbers *precede* (instead of follow) the items in question of the *Ma.* transcription. In this way, the beginning of the *Ma.* reference is also the beginning of the *Sa.* variant.

4. *Variants not Shown*

There are some common words that have constant variants in *Sa.* which have not been signaled in the footnotes.

Wherever *Ma.* has *así* (or variant spellings *assí, assy*), *Sa.* invariably has *ansy*. Similarly with the imperfect of *ser*; wherever *Ma.* has *era, eran*, etc., *Sa.* has *hera, heran*, etc. In *Ma.* there is an alternation between *meytad* and *meatad*; *Sa.* has only *meatad*.

In verb endings, the *vos* form is represented one way in *Ma.* and another way in *Sa.* Where *Ma.* has -*áys*, *Sa.* has -*aes*:

Ma.	Sa.
cuydáys	cuydaes
digáys	digaes
ayáys	ayaes

Where *Ma.* has -*éys* or -*edes*, *Sa.* usually has -*és* and rarely -*éys*:

daréys	darés
esperéys	esperés
yréys	irés
faredes	farés
avedes	avéys

But in the past subjunctive, both show -*edes*:

toviésedes	tuuiésedes
sopiésedes	supiésedes

In the case of -*ís* in *Ma.*, *Sa.* has -*ides:*

desís	desjdes

Among verb forms, there is a constant variant in one case: *Ma.* always shows the more archaic form with -*o*- (*sopo*), while *Sa.* always shows the more modern form with -*u*- (*supo*). Here are more examples:

sopo	supo
ssopo	supo
sopieron	supieron
sopiésedes	supiésedes
sopiesen	supiesen
plogo	plugo
plogujere	plugujere
podiese	pudiese
toujesen	tuujesen
toujeren	tuujeren

ABOUT THE MANUSCRIPTS AND THE EDITION 81

    toujésedes tuujésedes
    estouo   estuuo
    cobría   cubría
    sofrir   sufrir

 This same *o - u* alternation is found in the noun (*Ma.*) *logar* and (*Sa.*) *lugar*.

 There is one spelling norm that shows constant variants. In *Ma.* an *r* in contact with an *n* or *l* is doubled orthographically to represent its phonetic result, but in *Sa.* the *r* remains single:

    torrnó   tornó
    torrnóse   tornóse
    torrnémosnos tornémonos
    torrnar   tornar
    terrná   terná
    porrné   porné
    porrnjan   pornían
    honrrado   honrado
    burrla   burla

Only in a few places in *Ma.* is this phenomenon represented by a single *r*: *tierna* (170v-a), *paternal* (150v-a).

 In the following set of words, *Ma.* shows the archaic *-b* before consonant, while *Sa.* has the more modern vocalized forms:

    cabdal   caudal
    cabsa   causa
    cabsadoras causadoras

 The use of initial *h-* or its lack does not fit into any pattern (except where noted above about *era - hera*). Much of the time both manuscripts will have the same spelling, but when they differ, no variant is shown in the footnotes:

    ora   hora
    errasen herrasen

    has   as
    hases   azes
    han   an

82 THE LEGEND OF THE "SIETE INFANTES DE LARA"

To further demonstrate the lack of pattern, in the very same sentence *Ma.* has the forms *hemjenda* and *error* while *Sa.* has the opposite *emjenda* and *herror*. Clearly, the use of *h-* or not obeys only the whim of the scribe.

The use of *rr* or *R* in initial position are both graphemically possible, and, therefore, if the manuscripts show variants here, none is signaled:

    Reyes   rreyes
    Ruego   rruego
    Reçelo   rreçelo

    rresponder   Responder

In both manuscripts, *y* is a free variant for *i* (or vocalic *j*), and its insertion obeys no rule, although *Ma.* is freer in its use of it than is *Sa.*

    syenten   sienten
    tyenda   tienda
    tyendas   tiendas
    tyene   tiene
    vy   vi
    partyr   partir
    consentyr   consentir
    gentyl   gentil
    tyro   tiro
    Syluestre   Siluestre
    ssyete   siete
    tyo   tío

    tío   tyo
    si   sy
    allj   ally
    grandísimos   grandysimos
    dissimular   disymular

Both manuscripts spell *ynfantes* with an initial *y-*.

The use of *-ss-* or *-s-*, representing the unvoiced spirant, is interchangeable in the manuscripts. None of the variants that follow shows an etymological *-ss-*:

    ásspera   áspera
    los ssobrinos   los sobrinos

ABOUT THE MANUSCRIPTS AND THE EDITION   83

gujssa   guisa
rraujiossa   rraujosa
ssyete   siete

segund   ssegund
pusieron   pussieron

Final -*t* and -*d* are also interchangeable within and between the manuscripts. These variants are not shown:

verdat   verdad
poridat   poridad
vanjdat   vanidad
mortandat   mortandad
quedat   quedad
guardat   guardad

bondad   bondat
voluntat   voluntad
falsedad   falsedat
ataút   ataúd
grand   grant
leuadla   leuatla

The variant use of etymological or non-etymological -*th*- for -*t*- occurs sometimes in the texts with no pattern.

thesoro   tesoro
themor   temor
católica   cathólica

On a few occasions, *Ma.* has *ge* to represent *gue* where *Sa.* shows *gue* at all times:

gerra   guerra
gerreros   guerreros

The word *grant* in *Ma.* has three variants in *Sa.*: *grande, grant, gran.*

The words *algún* and *algund* in both manuscripts are interchangeable:

algún   algund
algund   algún

Whereas *Ma.* prefers the form *mesmo, mesmos,* etc., *Sa.* prefers *mismo, mismos,* etc., and on the few occasions that *Ma.* has *escrita, Sa.* uses the etymological spelling *escripta.*

Finally, mention must be made of the many variants of the conjunction *et.* In the transcription of *Ma.,* the various forms have been preserved throughout, but the variants in *Sa.* have not been shown.

5. *Errors and Corrections found in* Sa.

The *Sa.* scribe has two types of variants important to the understanding of the texts. He will variously 1) copy something wrongly or leave something out that is important to the meaning of the sentence, or 2) he will occasionally clarify something that his model left out or will correct a textual error in *Ma.* These ameliorations are in the minority.

Castile goes to war with León because "acordaron los leoneses de non mantener los contratos" (139r-d) between the two parties. But in *Sa.* it reads: "acordaron los leoneses de mantener los contratos." This is precisely not a reason for going into war!

During the war, count Garci Fernández is attacked: "los de Alua & del Carpio vinjeron de conserua & de secreto a dar salto en él." According to Covarrubias, *ir de conserva* means *ir en compañía y guardia. Sa.* has "vinjeron de consuna" which does not mean anything at all. There is an old expression *de consuno* which means *juntamente* and it fits quite well; it must have been what the *Sa.* scribe had in mind, but it is not what he wrote down.

Doña Lambra is, according to *Ma.* "su prima del conde don Garçi Ferrandes" (139v-c), and the other versions agree with this relationship: *Q* says "su prima cormana" (149a) and *Cintra* says "sua prima coirmaã," (113,8). *Sa.,* on the other hand, carelessly says "subrina del conde."

In the passage that says that Gonzalo Gustios "fabló a su cuñado Ruy Vasques, hermano de doña Sancha, su muger, & madre de los ynfantes" (143v-a), *Sa.* fails to give it its due attention, and carelessly writes "padre de los ynfantes".

Later in the same folio, *Sa.* again is not thinking when he copies this passage from *Ma.* where Gustios talks: "fablando así: 'Ruy Vasques, aquestos mjs fijos vuestros sobrinos son'" (143v-c). Because of the lack of punctuation, and because the *Sa.* scribe was not giving the text his full attention, he writes with the following punctuation implied: "fablando ansy Ruy Vasques: 'Aquestos mis sobrinos vuestros fijos son." He evidently thinks that he has corrected an error, but instead has made a mistake which would have been glaring to him if he had reread the passage again thoughtfully.

After Ruy Velázquez sends Gustios to Cordova, he goes to see the *infantes*, and in a lie to them to get them to go to Almenar, he says: "Acordé de non yr allá sin vos lo faser saber" (146r-c). *Sa.* miscopies *vos*, substituting *vosotros*, and rather than cross out anything, he covers up his error as well as he can: "Acordé de non ir allá sin vosotros. Fágovos lo saber porque..." His cover up has changed the meaning of the first part of the sentence and has rendered meaningless the part that follows.

A very grave error occurs later, when young Gonzalo talks to his uncle for the last time before the *infantes* are sent by the traitor to their death. "E rrogamos a Dios que te lo él nunca perdone" (153v-b). *Sa.* again has missed the wrathful wish of Gonzalo: "E rrogamos a Dios que te lo él perdone."

In Cordova, when Gustios is talking to Nuño Salido's head, he doesn't want to blame Salido for the demise of his sons, and says: "¿Por qué porrné yo el rrepto a vos & la trayçión que Rodrigo fiso?" (155v-c). *Sa.* changes one letter, thereby reversing the meaning of the sentence: "¿Por qué porné yo el rrecto a vos & la trayçión que Rrodrigo fiso?"

Later in the text, it talks about Almanzor's reaction to his sister's pregnancy: "Entendía de faser generaçión & alcuña & nonbre de aquello que ella pariese" (158r-a). *Alcuña* (modern *alcurnia*) was a good word in old Spanish, appearing even in Covarrubias, but it was either not known or not read correctly by *Sa.* who wrote: "entendía de faser generaçión & aliñaua el nonbre de aquello que ella pariese."

When Mudarra's servant arrives in Salas and gives presents to doña Sancha, at first he gives the name of his master in an alias: "Señora, yo vos do aquestos paños en nonbre de Gonçalo Bermudes, mj señor" (161r-d). *Sa.*, who knows who the master really is, changes it to read: "Mudarra Gonçales." We must reflect on this; his servant certainly gave the alias so as not to raise any immediate suspicions, and *Sa.* has not understood it.

Garçi Fernández is surprised when he sees Mudarra because he notices that; "Le non paresçió saluo que don Gonçalo Gonçales rreçuçitara allj en su cuerpo & rrostro & façiones todas" (167v-a). *Sa.* changes *rrostro* for *rrastro*, an emendation which must have looked peculiar to *Sa.*'s readers.

At one point, *Sa.* has misses completely the flavor of what is happening. When Ruy Velázquez is telling his troops about his young foe, he says: "Yo cuydo...castigar muy bien a Gonçalujllo..." (169v-b). *Sa.*, not understanding the insulting intention of the name, changes it to read more simply: "Yo cuydo...castigar muy bien a don Gonçalo Gonçales."

The text says that Ruy Velázquez did not like Mudarra on acount of the "muchas talas & muertes que en sus tierras le avía fechas" (171r-b). *Sa.* miscopies it "muchas tales," which does not make any sense.

A common fault in the *Ma.* manuscript is that words sometimes appear twice; usually it is a case of the word that ends one folio starting the next one through oversight. *Sa.* has corrected all of these in his copy, but he does put in one such error of his own. In *Ma.*, in the passage where Mudarra talks to doña Sancha about her brother, he says: "Avéys de mandar faser justiçia dél" (172v-d). Here, *Sa.* writes: "Avéys de de mandar faser justiçia dél." It is possible that he was thinking of: "Avéys de demandar justiçia dél."

When Garçi Fernández is condemning doña Lambra, he calls her a "mayor traydora, matadora & destruydora que tu marido" (173v-b). *Sa.* misinterprets what has been said, and corrects it to something equally true, saying that she is a "mayor traydora, matadora & destruydora de tu marido." This changes the whole tone and meaning of the sentence.

In the same speech he compares her to a "çismadera destruydora" (173v-c). Since the *ci* in *Ma.* looks a little like *a*, *Sa.* copied "asmadera destruydora," which again means something different. *Asmar* meant *pensar, creer, imaginar*, so the expression would mean "contriving destroyer."

A note must be inserted about two words that were the same in meaning until the sixteenth century according to Corominas, but are different in meaning now. Mudarra destroys Barbadillo because it is "el más aborrido [aborrecido] logar de su coraçón" (165r-b). *Sa.* has "el más aburrido de su coraçón." They both meant *aborrecido*, so *Sa.*'s reading was not erroneous here.

Finally, it must be mentioned that in only one case has *Sa.* left out several words due to carelessness. *Suyos* appears twice in one sentence in *Ma.*, and the *Sa.* scribe used the wrong one for reference, thus creating the hiatus. In *Ma.* it says: "Don Rrodrigo se volujó para los *suyos*, et dende furtóse con algunos pocos de los *suyos* & fuese para las çeladas de los moros" (149v-c). *Sa.* copies it this way: "Don Rrodrigo se voluió para los *suyos* & fuese para las çeladas de los moros."

On some occasions *Sa.* corrects his model's errors. Since *Ma.* has a tendency to leave out words or syllables, *Sa.* is compelled to put them back:

Ma.	*Sa.*
...entrel don Sancho & el conde don Ferrand Gonçales... (139r-d)	...entrel *rrey* don Sancho & el conde don Ferran Gonçales...
desbaradamente (139v-a)	desbara*ta*damente
los ynfantes onde su tío... (147v-b)	los ynfantes *fueron* onde su tío...
dixiere (159v-d)	*contra*dixere
...que manera de conorte... (155r-a)	...que *por* manera de conorte...
el conde...entendió la dispusiçión...de don Mudarra Gon-	el conde...entendió la dispusuçión...de don Mudarra

çales, ouo muy syngular pla-   Gonçales *e* ouo muy syngu-
ser. (164r-d)   lar plaser.

mensa*r*os (168v-d)   mensa*j*eros

As mentioned earlier, *Ma.* has the tendency to copy a word twice, sometimes in the same line and sometimes the same word ends one folio that begins the next. *Sa.* has corrected all of these:

començóle de de desir...   començóle de desir...
(159r-a)

segund segund que...   segund que...
(162v-b)

la...malandança de la mal- la...malandança de Castilla
andança de Castilla (173r-b)

...tanto por/ por él... (158v-d) ...tanto por él...

...mj / mj señor... (161r-d)   mi señor...

Finally, there is one important and astute correction by *Sa.* In 1344, it was Alicante who sent the letter of challenge to Ruy Velázquez after the battle, but in the *ref. tol.*, the author changes it and has Almançor write the letter for maximum effect. However, the author's memory of this is shortlived, because on the very next page the text seems to indicate that it was Alicante who wrote the letter. *Ma.* says:

> Et contó el rrey [*Alicante*] a Almançor de la crueldat de Rruy Vasques, et de cómo en su nonbre [*de Almançor*], lo mandara desafiar (155r-a).

Sa. corrects this as best he can:

> Et como el rrey Almançor oyó de la crueldat de Rruy Vasques, et de cómo en su nonbre, & de todos los rreyes moros, lo mandara desafiar.

This correction is not fully intelligible, but it does try to keep in line with the original premise of *Ma.*'s text.

6. *Intercalated Episodes*

There are some intercalated episodes that appear both in the PCG and in 1344 versions of the legend of the *Infantes*, but they are different episodes in each version.

In the PCG there are seven chapters dealing with contemporary happenings intercalated into the *Infantes* section. These are chapters 744 through 750, PCG pps. 443-446.

In 1344 there are two different incidents that are intercalated into the legend, and both of these are also found in the *ref. tol.* (chapters 198 and 199).

The first intercalated episode is about a battle between Garci Fernández's army and Almançor's in which the Castilian count wins, largely through a miracle. This scene also appears in the PCG, but several chapter *before* the beginning of the *Infantes* legend.

However, a section of this scene conceivably *could* have been a part of the second *cantar* for two reasons. First, an *infante* appears there: "E el conde mandó tener la su vandera a Diego Gonçales que era su alferes..." (150c; 116,22; *ref. tol.* is almost exactly the same, 141r-b), and second, in the eulogy delivered by Gustios over the head of Diego, Menéndez Pidal has taken these verses found in *Inf.* 423:

> Grant bien vos quería el conde, ca vos érades su alcalle
> también tovistes su seña en el vado de Cascajar.

In the PCG chapter, no mention of Diego is made concerning this battle. This offers a further hint that perhaps this whole incident was incorporated into the second *cantar* only, but it is not at all sure.

The second episode that was intercalated in the *ref. tol.* is a part of the legend of Garci Fernández and has no right to be in the *infantes* episode as far as the epic goes, but *does* have a right to be there as far as historiography goes. This episode occupies all of chapter 199.

7. Organization and Division of Chapters in PCG, 1344 and the Refundición Toledana

The PCG, representing the first *cantar*, has nine chapters devoted to the *infantes* legend. 1344, the second *cantar*, has eleven chapters about the *infantes*.

The *ref. tol.*, whose source is 1344, has seventeen chapters devoted to the infantes. The obvious reason that it has more chapters is because it is quite a bit *longer* than the 1344 account, but there is another reason as well. Our author is careful to chapterize according to related events whereas 1344 is not. The author of the *ref. tol.* will cut some 1344 chapters in half or will splice others together; chapterization between the *ref. tol.* and 1344 does not agree in most cases.

For example, the first chapter of the *infantes* in 1344 deals with the marriage of doña Lambra, the battle of Casjares and the miracle of the knight in the church. The second chapter is very short, and tells how the count found the knight after the battle. In the *ref. tol.*, the first chapter deals only with the wedding. The second chapter limits itself exclusively to the three related events that follow: the battle at Cascajares, the miracle, and how the count found the knight.

We can safely assert that the author, a careful storyteller, made a conscious effort to regroup the events of the legend in order to create more natural breaks in the narrative.

8. Variant Placenames in the Refundición Toledana

At first sight, some of the placenames in the *ref. tol.* might not be clear to those who know the legend well, or, conversely, might cause confusion when people who know this version go to read other versions of the legend.

Problems of *Amaya* and *Almenar* have been discussed in all their variants earlier.

Tenjcosa (146v-b) where Nuño saw the bad omens, is unique in the *ref. tol.* among the other 1344 manuscripts which all offer a form of *Canicosa*. No name is given for this place in PCG.

Felis (147v-c), where the *infantes* meet Ruy Velázquez before going into battle, is a strange variant of *Febros* (as in the PCG and Spanish 1344) or *Febres* (Portuguese 1344). Later in the *ref. tol.* (152r-b), this place is called *Febres*, the normal form.

Finally, *Syluestre* (160r-b, 171v-b), where justice was done to Ruy Velázquez, is *Vilvestre* (with variant spellings) in the other 1344 versions. The author of the *ref. tol.* probably thought he was correcting an error in his model manuscript when he changed the spelling of this placename.

9. *Variant Names*

The problem of *Gonçalo Gustines* has already been discussed, but there are still a few that merit some attention.

Ruy Velázquez suffered a Portuguesizing name change in 1344 (which was Portuguese in origin), and so his name in all versions of 1344, Portuguese or Spanish, is *Vásquez*.

Nuño Salido or *Muño Salido* has one of these two names in the chronicles until the *ref. tol.* where he is called *Sabido*, doubtless because of the influence of *sabio* and his *saberes en agüeros*.

10. *Names of the* Refundición Toledana

In various sources this text has different names, and, in order to avoid confusion, these must be listed. In *Inf.* Menéndez Pidal calls it *Estoria de los godos* (pps. 8, 35, 60, 94 and 105) and the *Refundición de la crónica de 1344* (p. 335). Later, in *Reliquias* (p. 237), he calls it *Crónica general toledana hacia 1460*. Diego Catalán in the *Romancero Tradicional* (II, p. 95) calls it *Arreglo toledano de la crónica de 1344*. The most accurate title for the work, given in this text, is *Refundición toledana de la crónica general de España de 1344*.

PART 4

EDITION OF THE *REFUNDICIÓN TOLEDANA* VERSION
OF THE
LEGEND OF THE *SIETE INFANTES DE LARA*

Capítulo 197. Cómo los leoneses, por Respecto de las muertes del Rey don Sancho de León & del conde don Ferrand Gonçales, quebrantaron las treguas a los castellanos & les corrieron las tierras, & de lo que ssobre ello se fiso, & de cómo se rrebolujó la muerte de los ynfantes de Lara. cxcvij

Después de la muerte del buen conde don Ferrand Gonçales & de la muerte del Rey don Sancho de León, & rreynando el rrey don Ramjro, su fijo pequeño, ¹acordaron los leoneses ²de non mantener los contratos & posturas que ³entrel [rrey] don Ssancho & el conde don Ferrand Gonçales (defuntos) eran fechos, mas de gelos quebrantar & desfaser & los torrnar debaxo de su ⁴jurisdiçión como de primero eran.

Et vinjeron con munchas gentes contra los castellanos, & corrieron por Castilla & destruyeron della vn grand pedaço. Et quando don Garçi Ferrandes vido aquella tan grande syn rrasón, ayuntó su hueste & fue çercar a Çamora, & él estan-

---

¹ acordaron los leoneses de mantener.
² 150v.
³ entrel rrey don Sancho.
⁴ juredjçión.

do así sobre aquella çerca, los de Alua [139v] & del Carpio vinjeron de ⁵conserua & de secreto a dar salto en él.

Et quando esto vido vn Rruy Vasques, que era su cauallero & capitán de algunas gentes de Castilla, aderesçó contra ellos et mató dellos muy muchos, & los otros fueron ⁶desbara[ta]damente fuyendo. Et estando así el conde don Garçi Ferrandes sobre Çamora, mandóle desir el Rey don Ramjro de León que le ⁷plogujese de se dexar de aquella çerca, ca él non era culpante en lo que los suyos fisieron, & que ⁸lo él quería todo hemendar, & que quería estar por ⁹todo lo que sus padres fisieron & posieron entre sí. Et ovieron su acuerdo el conde don Garçi Ferrandes con los sus altos omnes & dexaron la çerca & fuéronse para Burgos, & fuéronse a la sasón con él muchos gentiles onbres leoneses, parientes & amjgos de Ruy Vasques & de vna donsella, sobrina del conde don Garçi Ferrandes, a las bodas que les en vno avían de faser en Burgos.

Et aquesta donsella, ¹⁰su prima del conde don Garçi Ferrandes, qujso el conde dar por muger a este Rruy Vasques por la notable cauallería que fiso contra los de Alua & del Carpio & por el bien que della Recudió. Et quando todos fueron a Burgos, fiso el conde en vna grande plaça vna muy rrica tienda, & fiso delante de aquella tyenda vn muy alto tablado faser. Et al tienpo de las fiestas de las bodas, tyró el conde a él, & tyraron asimjsmo muy muchos de los gentiles onbres de su cortes, & njnguno dellos non pudo llegar njn alcançar al tablado saluo vn gentyl omne que desían Aluaro Sanches, que vino a tyrar, & dio en el tablado vn grand golpe que sonó dentro en la villa onde la nouja con otras ¹¹muchas dueñas & donsellas estaua.

Et quando todos sopieron que Aluaro Sanches era el que avía tyrado, ¹²luego la nouja doña Lanbra, prima de

---

⁵ consuna.
⁶ desbaratadamente.
⁷ pluguiesen.
⁸ lo quería él emendar.
⁹ todo los suyos padres.
¹⁰ subrina.
¹¹ 151r mu/chas.
¹² luego.

aqueste cauallero, dixo a todas las otras: "En verdat vos digo, señoras, que yo non vedaría mj amor a vn tan gentyl onbre como aqueste que tan bien lo fase, si mj pariente tan allegado non fuese." Et ora dise aquj el ¹³abtor que nunca tan cara nj tan [140r] amarga palabra para castellanos por jamás saljó por boca de muger, ca desto que la nouja doña Lanbra dixo, & comoqujer que las dueñas que y eran, espeçialmente doña Sancha, ¹⁴madre de los siete ynfantes & muger de Gonçalo Gustino, lo ¹⁵disimularon mucho, njn que los otros caualleros que y eran por el entremetimjento del juego en que andauan.

Pero Gonçalo Gonçales que era el menor de aquellos ssyete ynfantes, que aquella palabra más que todos los otros estimó y syntyó, furtóse luego de los hermanos & caualgó en su cauallo & fuese solamente con vn escudero con él & con vn açor en la mano. Et quando al tablado allegó, tomó en la mano vn ¹⁶bohordo & tyró con él al tablado & tan grande golpe dio en el tablado que quebrantó vna tabla grande de la meytad dél, y cayó en el suelo. Et quando doña Sancha & los otros sus fijos oyeron aquel tan grand golpe ¹⁷et de qujen lo avía tyrado, oujeron dello muy grandísimo plaser, comoqujer que a doña Lanbra pesase muy mucho dello. Pero los otros ynfantes que ay eran, Reçelándose de sobre ello se leuantare algund rriesgo entre Gonçalo Gonçales & Aluaro Sanches, caualgaron muy a priesa & fuéronse para allá. Et tan en tanto que ellos yuan, ya eran acá trauadas las contyendas entrellos porque Alvaro Sanches començó y de fablar tan mal a ¹⁸que Gonçalo Gonçales ouo de rresponder disiendo: "Tan bien lançastes vos que ya las donas non se pagarán de otro sy non de vos." Et dixo Aluaro Sanches: "Sy las donas de mj fablaren, çiertamente derecho farán."

---

¹³ actor.
¹⁴ *Between* madre *and* de los siete infantes, *Ma. has erroneously added*: del conde don Garçi Ferrandes & madre, *which was scratched out later*.
¹⁵ desimularon.
¹⁶ boordo.
¹⁷ & miraron quien lo avía tirado.
¹⁸ que *has been written above and between* a Gonçalo.

[19]Et quando Gonçalo Gonçales aquello oyó, pesóle muy mucho de coraçón & non lo pudo sofrir. Et dexóse yr contra él tan brauamente como vn león & diole vna atan grande puñada en el rrostro que las qujxadas & los dientes, todo gelo quebrantó, de gujsa que cayó en tierra así como muerto a los pies de su cauallo.

Et quando doña Lanbra lo sopo, dio tan grandes gritos, llorando muy fieramente et disiendo que nunca donsella fuera tan desonrrada como ella. Et quando Ruy Vasques, marido [140v] de doña Lanbra & hermano de doña Sancha, aquello vido, caualgó de priesa en çima de vn cauallo & tomó en la mano vn asta de vna lança & fuese para onde los otros estauan, & falló y a los ynfantes sus sobrinos, & arremetió contra Gonçalo Gonçales & diole vn golpe por çima de la cabeça que le fiso quebrantar la sangre por çinco lugares.

Et quando Gonçalo Gonçales se vido así tan mal ferido, dixo: "Çiertamente, tyo, non vos mereçí yo este mal que me fecho avedes, pero yo Ruego mucho aquj a mjs hermanos que [20]si yo muriere, que vos lo nunca demanden, pero Ruégovos que me vos non acudades con otra tal obra ca [21]vos non podré sofrir." Et Rruy Vasques con grand saña diole otro golpe, pero desujó vn poco la cabeça Gonçalo Gonçales, & acertóle por los onbros & quebrantó por medio la vara en él.

Et quando Gonçalo Gonçales vio que non avía y otra mesura, tomó el açor de la mano del escudero & fuele dar a su tío vn golpe con él por el rrostro, & más con el puño, de gujsa que le quebrantó todo el açor en la cara, de la sangre del qual se le finchó todo el Rostro & los pechos & narizes. Et quando Ruy Vasques se vido assí todo sangrentado, començó a dar grandes boses, disiendo: "¡Armas, armas!" & fueron luego y todos sus caualleros. Mas el conde [22]Gonçalo Ferrandes & Gonçalo [23]Gustines, padre de los ynfantes, como

---

[19] 151v.
[20] si *has been written above and between* que yo.
[21] vos la non.
[22] Garçi Ferrandes.
[23] Gustín.

sopieron aquello, vinjeron allj & metiéronse entrellos & partiéronlos que non ovo y otro mal, & fisiéronlos amjgos. Et los ynfantes, con fasta dosientos caualleros, sse apartaron a vn lugar.

Capítulo 198. De cómo el conde don Garçi Ferrandes fue casado & de cómo ¹vençió a Almançor en la grand batalla en el vado de Cascajales & del mjlagro que y aconteçió el día de la batalla. cxcviij

Cuenta agora la estoria quel conde don Garçi Ferrandes, fijo del conde don Ferrand Gonçales, fue casado con vna donsella muy graçiosa de gesto, fija de vn conde de Françia, la qual leuándola su padre & su madre a rromería [141r] ²[a] Santiago de Galljsia. Et el conde, como la vido, pagóse mucho della & viendo cómo era de buena sangre, pidióla en casamjento, & diérongela. Et estouo así casado con ella seys años que non oujeron fijos algunos.

Et ssopo cómo Almançor venja contra él con grandes poderes, & ajuntó su gente & saljó en pos él. Et estando açerca dél a otro día por la mañana, oyda su mjsa & manjfestados todos sus pecados, entraron en el nonbre de Dios en la batalla, & dio el conde su seña a Diego Gonçales, su alferes, que era el mayor de los syete ynfantes, fijos de Gonçalo Gustines, & fue Ruy Vasques, marido de doña Lanbra de Baruadillo, aquel día muy buen cauallero, et fue la batalla Rebuelta & ferida muy rresiamente.

E tan en tanto que la batalla duraua, aconteçió y vn grand ³mjlagro. E fue así que entre las conpañas del conde don Garçi Ferrandes era vn escudero que se desía Pascual Bjuas. E éste a por costunbre cada día del mundo de oyr su mjsa, & en la iglesia que entraua, nunca della salja, njn quería saljr, fasta que todas las mjsas eran acabadas. E ouo de ser que aquel día de la batalla él entró a oyr su mjsa en vna iglesia onde fueron tantas las mjsas que se ovo primero

---

¹ 152r.
² a Santiago.
³ miraglo

de acabar la batalla de vençer que Pascual Bjuas saljese de la iglesia.

E el paje que le tenja el cauallo & la lança a la puerta de la hermjta, viendo el Ronpimjento, peso & peljgro de la batalla, maldesía mucho el señor, disiéndole a grandes boses que saljese de la hermjta & [que] fuese a ayudar a su señor a la batalla, & que para que se armara. E desíale que non creya en Dios si aquello él fasía de muy xpistiano, mas de puro couarde & medroso, et que non sería ya onbre para se poner delante la gente que [4]tal sopiesen. Et destas & otras tales palabras nunca el moço çesaua de desir tanto que la batalla duraua, & el escudero, con la deuoçión grande, non oya nada dello.

Pero estando así humjllado, quebrantáuasele las armas & abríansele las carrnes & salja sangre dél, & njnguna, [141v] cosa él viendo njn sintiendo, & asimjsmo se fasía a su cauallo, ca corría mucha sangre dél de muchas feridas & grandes que en el cuerpo se le abrían.

Et quando aquel paje aquellas cosas veya, espantáuase muy mucho, & desía a su señor que mjrase aquello que por su grand rrebeldía fasía Dios, pero al fin de las mjssas todas, el escudero se leuantó & falló su cuerpo todo ferido et cansado, & de las armas desbaratado. E quedó mucho espantado, que no sabía qué cosa fue aquello.

E arremetió muy de Resio para caualgar en su cauallo & fallólo asimesmo ferido & cansado que se non podía tener en los pies. Pero quando después de mucho maraujllado qujso caualgar, díxole su paje que para qué caualgaba, ca la batalla, Dios loado, era vençida por la parte de los xpistianos, pero que le aconsejaua que non saljese dí fasta la noche & que a la noche se fuese su vía onde nunca fuese visto.

Et el escudero así lo fiso, pero ante [5]que la noche fuese, fue así que el conde don Garçi Ferrandes, con todos los nobles omnes que más en la batalla fisieron, se tenjan ya por dicho que Pascual Biuas, su escudero, fuera sobre todos muy

---

[4] 152v.
[5] que *has been written above and between* ante la.

aventajado cauallero. E tal que por su cabsa fue conosçidamente la batalla vençida, ca andouo aquel día tanto fuerte cauallero como si diujnalmente él fuera el apóstol Ssantiago, ca mató por sus manos tantos de moros que número non avían & que lo vieran arremeter muy Resiamente contra el alferes moro que traya la seña rreal & que lo matara & derribara por el suelo su pendón, por cabsa de lo qual fueron los moros vençidos & desbaratados, et que lo conosçía por çiertas feridas quél & su cauallo trayan.

E assy el conde, [6]queriéndole Regradesçer mucho su bondat, mandólo catar por todas sus huestes & non gelo podían fallar. E andando así los suyos en la busca dél perdidos, [7]fuéronlo fallar en la hermjta. Et queríanlo leuar al conde, & él non quería yr allá, cuydando [142r] que lo el conde quería mandar matar. E tanto Rogaron & forçaron & seguraron que ouo de yr.

E como el conde lo vido venjr, fuelo a abraçar de grand boluntad, & físole muchas merçedes, ca lo conosçió muy bien que era aquél el que los grandes fechos fisiera en aquella batalla. E después quel conde sopo la verdat de la cosa & conosçió ser aquel mjlagro tan grand, et vido las feridas en él & en su cauallo quel conde le vido dar en la batalla, loó mucho a Dios & dí adelante ovieron aquel escudero por santo omne.

Capítulo 199. De cómo fue furtada la condesa por vn conde de Françia & cómo el conde don Garçi Ferrandes ovo dellos emjenda & casó con su fija de su enemjgo. cxcix

Vençido Almançor en el vado de Cascajales por el conde don Garçi Ferrández, torrnóse para Burgos. E dende a pocos días adoleçió, & estando el conde doljente, aconteçió que vn conde de Françia que yua en rromería a Santiago de Galljsia fuelo a ver, & en viéndolo, vido a la condesa, su muger del conde don Garçi Ferrandes, & como era graçiosa, pagóse mucho della, & como sopo que era françesa, fabló tanto & de

---

[6] quiriendo.
[7] 153r fuéron/lo.

tantos modos que la ovo para sí de secreto, cometiéndole que se casaría con ella. E ella, como mala, fuese con él vna noche. E q*u*ando el conde lo sopo, ellos eran en saluo.

E como el conde fue sano, tomó vn solo escudero consigo & fuéronse disfiguradamente de gujsa de ¹pelegrinos & pobres como q*ue* yuan en rromería a Rrocamador. Et andoujeron tanto fasta ser en aq*ue*lla t*ie*rra onde su muger con el conde estaua, & sopo de toda su fasienda, ca comja cada día encubiertamente en su casa por amor de Dios. E sopo como aq*ue*l conde tenja vna fija que se desía doña Sancha, et que se leuaua mal con la madrasta Argentina, & peor con su padre. Et como el conde avía muy gentyl gesto & muy gentiles manos, ca tan fermosas las tenja que avía vergüença de las sacar ante presona njnguna syn guantes.

Et como ²sacau*a* [142v] las manos para comer, vna serujdora q*ue* y era maraujllóse mucho, e mirándolo en el rrostro & en el cuerpo, & como vía q*ue* ³correspondía todo, desíale cada día & rrogáuale q*ue* le dixiese [de] onde era & él callaua. E tanto le ⁴p*er*seguja a q*ue* le dixo la syrujenta vn día que non podía ser menos quél non fuese de alta sangre.

Et el conde entonçes le dixo como q*ue* escarrnesçiendo que q*u*jça tan alta que en aq*ue*l logar non le alcançaría njnguna otra p*re*sona. Et como esta serujdora avía muchas fablas fecho a doña Sancha, la fija del conde, su señor, fuelo luego desir. E tanto gelo alabó q*ue* entró en grand amor suyo. Et trabajóse tanto a q*ue* gelo ouo de leuar para q*ue* fablase con él. E q*u*ando la donsella lo vido, fue muy ⁵pagada dél. E començó de aq*ue*xar q*ue* le dixiera q*u*jén era. E como el conde sopo q*ue* ella era en grand desauenançia con su padre, & por la grant ⁶fadiga q*ue* le daua, óvole de desir q*ue* fisiese grand juramento de le tener poridat & gelo diría todo, & ella físole jura grand de le guardar poridat. E él le dixo

---

¹ peligrinos.
² 153v sa/caua.
³ rrespondía.
⁴ persiguía.
⁵ pagado.
⁶ fatiga.

toda la fasienda en cómo avía pasado & cómo él era el conde don Garçi Ferrandes, marido de doña Argentina, & que era allj venjdo por saber la verdat, & buenamente folgaría de aver della vengança, e que si ella gelo pudiese gujsar, que la faría señora de toda Castilla & que la tomaría por muger para ssy.

E quando todo aquesto el conde ovo dicho, la donsella folgó y mucho de lo saber, & rrespondió a la voluntad del conde, disiendo así: "Conde, bien avedes fecho en me rreuelar toda vuestra fasienda. Et sy vos eso que [7]desís faséys, yo vos lo porrné todo en las manos, & mucho mejor & más a vuestra voluntad que me los vos sopiéredes demandar." E quando sus firmanças anbos a dos ovieron puestas, dixo la donsella al conde que como fuese la noche escura, que se vinjese para aquel lugar onde ellos eran. E la donsella, doña Sancha, lo vno por se vengar de su madrastra, & lo al por se le dar poco de su padre, e asimjsmo por la grandesa que le era prometida, & por el amor & gentilesa del conde don Garçi Ferrandes [143r] çiega de todo entender, ordenó [8]& puso por obra todo aquello que a su plaser & vengança rrequería, & quando la noche fue, vino el conde allj para aquel mjsmo logar, muy bien aperçebido de lo que le menester fasía, & con vn puñal muy bien afilado debaxo de sí. E doña Sancha metiólo debaxo de su lecho & atóle vn filo a la mano, disiéndole así: "Quando vos tirare de aqueste filo, serés aperçebido para la vuestra obra." Et el conde yogo allj vn pedaço fasta que toda la casa fue sosegada e el otro conde françés con Argentina fueron acostados.

Et doña Sancha andouo muy diligente por allj aquella noche aderesçando lo que le cunplja. Et quando ella syntió ser ora, tomó vna vela en su mano & entró por la cámara de su padre & vio cómo amos dormjan, & dexólos así estar vn poco más fasta que el sueño mejor prendiese. E después, tyró de la cuerda, & el conde don García, que non dormja, saljó aforradamente & fallólos anbos a su plaser a tienpo

---

[7] dises.
[8] 154r.

que muy pequeño trabajo ovo en les cortar los guargueros a entranbos a dos.

E fecha la obra & todos dormjendo, doña Sancha sabía bien todos los portillos de la casa, tomó por la mano al conde & las llaues en la otra, & fuéronse saljendo amos a su plaser. E a otro día, quando sopieron cómo el conde & la condesa eran muertos, el conde don Garçi Ferrandes & su muger eran ya seguros & bien aviados de tal gujsa que allegando a Castilla, mandó que todos sus honrrados omnes se fuesen juntar en Burgos. E quando ella era ya en Burgos, fallólos y & rrecontóles toda su fasienda cómo pasara & cómo se vengara bien & por su mjsma mano de sus enemjgos, & mandó a todos que obedeçiesen por señora a doña Sancha & le besasen la mano por su señora.

Capítulo 200. De cómo Gonçalo Gustines fiso la pas entre don Rrodrigo & los ynfantes, sus sobrinos, & de cómo doña Lanbra torrnó a rreboluer la gerra en Baruadillo, su logar. cc

Ya es de suso rrecontado cómo Ruy Vásquez, el marido de doña Lanbra de Baruadillo, era de los ynfantes sus sobrinos [143v] muy enojado. E por eso, Gonçalo Gustines, su padre, a cabo ya de tienpo pasado, fuese [1]para Baruadillo & fabló a su cuñado Ruy Vasques, hermano de doña Sancha, su muger, & [2]madre de los ynfantes.

Et dise agora aquj el abtor que esta doña Sancha, segund que la estoria rrecuenta & rreserua, deujera tener tres maridos. El primero deujera ser ynfante, fijo de algund Rey, del qual avría estos syete ynfantes. E que después de la muerte del primero, podía ser casada con el conde don Ferrand Gonçales, de qujen avría el otro conde don Garçi Ferrandes, que la dignidat de Castilla subçedía, por muerte del qual casaría después con Gonçalo Gustines. E que si otra cosa y ha, que perdone qujen leyere, ca la estoria njn rrasón non lo declara.

---

[1] 154v.
[2] padre.

E asy allegando el dicho Gonçalo Gustines a Barbadillo, fabló a su cuñado Rruy Vasq*ue*s, disiendo así: "Ruy Vasq*ue*s, aq*ue*stos ³mjs fijos v*ues*tros sobrinos son, & fijos son de v*ues*tra hermana doña Sancha. E sy vos a vos plogujere perder dellos enojo, ellos serí*an* a ordenança & mandamjento v*ues*tro, et mejor & más onrrada sería la v*ues*tra casa con ellos que sin ellos. E q*u*anto más nobles ellos fueren, más v*ues*tra onrra será, porque de las v*ues*tras noblezas ellos aprenderán a ser más p*er*fectos varones, que segu*nd* v*ues*tros grandes fechos, menester vos farán algunas horas." Et así destas & otras palabras diziendo Gonçalo Gustines a Rruy Vasq*ue*s, su cuñado, metiólo en la su graçia et metigó todo el rigor pasado entrellos, aclarándoles sus coraçones.

P*er*o el coraçón de doña Lanbra nu*n*ca pudo aljnpiar, ca muy grandísimo odio & omesillo de secreto les tenja por lo de Gonçalo Gonçales que a su primo ovo fecho.

E dí a çiertos días, óvose doña Lanbra de partir para Burgos, & dende se fue para su lugar, Baruadillo. Et los ynfantes, todos syete, por le faser plaser & seruiçio, fuéronse con ella fasta allá, comoq*u*jer q*ue* con ella andaua*n* muy engañados & p*er*didos, & folgaron de ver aq*ue*lla heredat de Rruy Vasq*ue*s, espeçialmente la huerta q*ue* era tan gentyl que se non [144r] podía mejorar njn ygualar en la España. Et avía en ella vna muy grande alberca de agua, e aconteçió que vn día, anda*n*do los ynfantes solasándose por la huerta, antojósele al ynfante Gonçalo Gonçales de bañar allj su açor, & dejóle yr por el ⁴agua. E tomóle otrosí voluntad de se bañar él por ella, non cudando q*ue* doña Lanbra njn njnguna de sus donsellas lo viese. E q*u*a*n*do fue así desnudo fasta los paños menores, ⁵doña Lanbra, q*ue* todo veya, llamó a sus donsellas allj, disiendo: ⁶"Mjrad agora todas la cortesía de aq*ue*l gentil onbre q*ue*, sabiendo que nos todas lo mjramos, & porque ayamos voluntad en él, ándase desnudo & tan desonesto como vedes. Et parésçeme q*ue* será bueno q*u*él vea q*u*ánto lo presçiamos."

---

³ mis sobrinos vuestros fijos son.
⁴ 155r.
⁵ et doña Lanbra, que todo vía.
⁶ Mirad agora la cortesya.

E mandó doña Lanbra llamar vn su omne que guardaua la huerta. Et madólo traer vn ⁷cogonbro muy grande, & físolo todo de dentro cauar & fenchir de sangre cuajada que y era en el corral donde matauan los carrneros para comer. E mandó a aquel omne que le fuese dar muy de rresio con él al ynfante Gonçalo Gonçales. Et non tardó mucho aquel neçio de lo faser, ca le dio con él vn tan grand golpe por los pechos que todo el rrostro y el cuerpo le finchó de aquella sangre.

E quando los otros ynfantes, sus hermanos, lo vieron, començáronse de rreyr por dissimular. Pero Gonçalo Gonçales, su hermano, que se ⁸mucho dello ynjurió, començólos a rreprehender, disiéndoles: "Non me rriera yo así, si ⁹a alguno de vosotros fuera fecha aquesta ynjuria, ca non se fiso esto para rreyr, mas para desonrrar & amenguar a nos."

Et los ynfantes acudieron a aquello & oujeron su consejo que sy de más que del portero salja, que non era bien. Et para la verdad saber, acordáronse yr contra el portero, cuydando que estaría quedo. E quando el portero los vio, temjóse dellos, & fuese meter ¹⁰baxo de las faldas de doña Lanbra.

Et porque vieron los ynfantes quel portero fue a valer a aquel logar onde [144v] ouo la osadía & mandado, acordaron de torrnar sobre sus onrras & arremetieron al portero & ¹¹matárongelo allj a palos, & desmenbraron & fisiéronlo ¹²todo en pedaços, de tal gujsa que doña Lanbra se temjó muy mucho de le ser fecho otro tanto, ca la sangre del portero saltaua sobre los paños de doña Lanbra.

Et después de aquesto fecho, por non errar más adelante, partiéronse de ay los ynfantes mucho enojados. ¹³Et desque ellos fueron ydos, mandó doña Lanbra poner en meytad de la casa vn estrado muy negro, & rrascóse toda la

---

⁷ cohonbro.
⁸ dello mucho.
⁹ a de vosotros.
¹⁰ debaxo de.
¹¹ matáronlo.
¹² todos.
¹³ 155v.

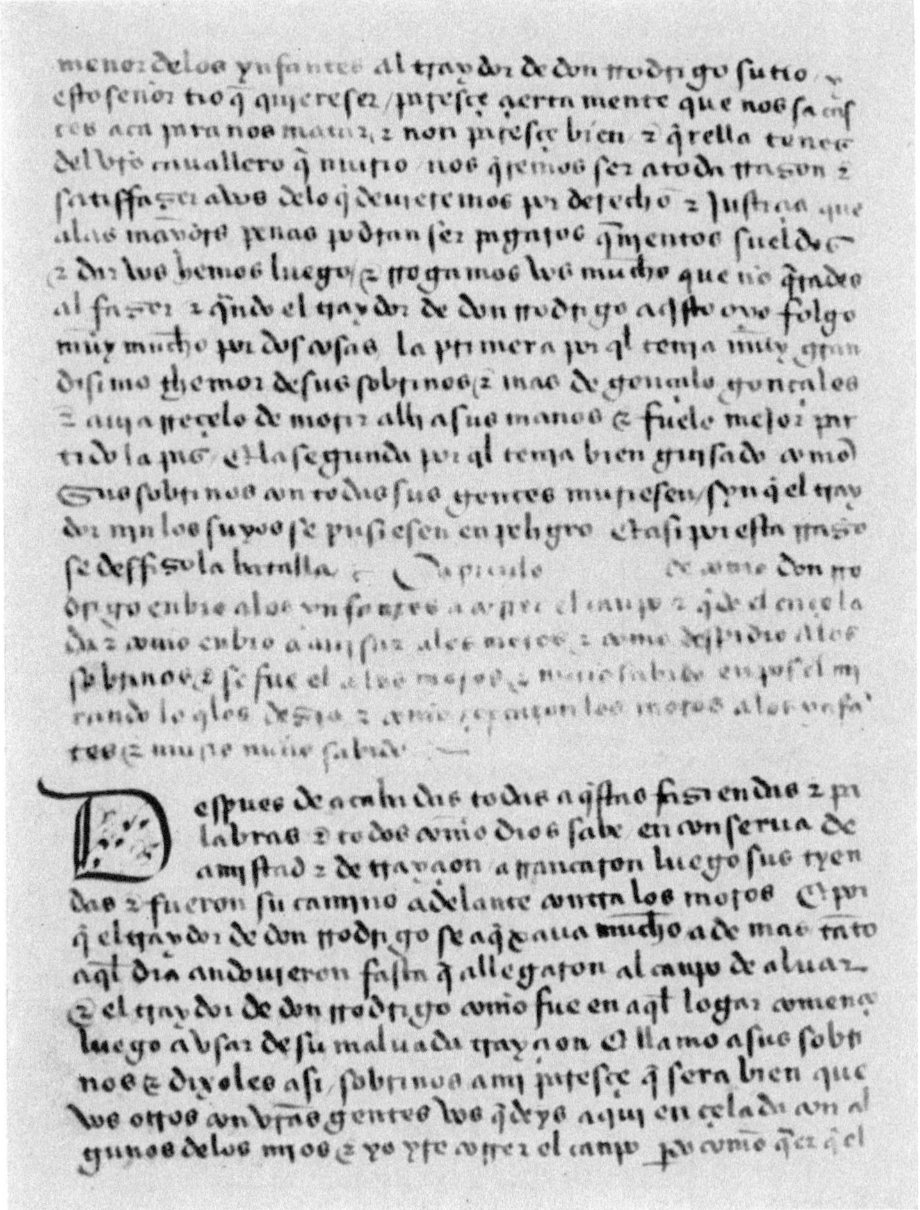

menor delos ynfantes al traydor de don rrodrigo sutio. τ
esto señor tio q̃ quiere ser, paresçe çierta mente que nos sacas
tes aca para nos matar, τ non paresçe bien. τ aquella tuerçe
del v̄ro cuallero q̃ murio nos q̃remos fer a toda rrason τ
satiffaçer a lvos delo q̃ devieremos por derecho τ justiçia que
a las mayores penas podran ser pgntados q̃ mentos sueldos
τ dar vos hemos luego, τ rrogamos vos mucho que no andedes
al fazer. τ quãdo el traydor de don rrodrigo aq̃sto ovo folgo
muy mucho por dos cosas, la primera por q̃l tenja muy gran
disimo themor de sus sobrinos, τ mas de gonçalo gonçales
τ auja rreçelo de morir alli a sus manos. τ fuele mejor par
tido la paz. la segunda por q̃l tenja bien guisado como
sus sobrinos con todas sus gentes mu presen, syn q̃ el tray
dor nj̃ los suyos se pusiesen en pelygro. τ asi por esta rrason
se desffiso la batalla. ¶ Capitulo de como don rro
drigo enbio a los ynfantes a rreçebir el campo. τ q̃ el enç̃ela
da, τ como enbio a muñoz ales moros, τ como despidio a los
sobrinos, τ se fue el a los moros, τ mu̅ño sabido en por el mã
rrando le que los desfiz a, τ como çercaron los moros a los v̄̃sa
tres, τ mu̅ño nunca fabra. ―

Despues de acabadas todas aq̃stas fisiendas τ pa
labras τ todo como dios sabe. en conseruã de
amjstad τ de trayçon a francaron luego sus tien
das. τ fueron su camjno adelante contra los moros. E por
q̃ el traydor de don rrodrigo se aq̃xaua mucho a demas trato
aq̅l dia anduujeron fasta q̃ allegaron al campo de aluaz.
τ el traydor de don rrodrigo como fue en aq̃l logar començo
luego a v̄sar de su maluada trayçon. E llamo a sus sobri
nos, τ dixoles asi, sobrinos a my paresçe q̃ sera bien que
vos otros con v̄ras gentes vos q̃deys aqui en çelada con al
gunos de los mjos, τ yo yre correr el campo, por como fer q̃ el

FIG. 4

por derecho e justiçia que alas mayores penas po
dran ser pagaros quinientos sueltos e varlos hemos
luego e rrogamosvos mucho que non queraros alfa
ger e quando el traydor de don rrodrigo aquesto oyo
folgo muy mucho por dos cosas la primera por quel
tenia muy grandissimo temor de sus sobrinos e mas de
gonçalo gonçalez e avia rreçelo de morir ally a sus
manos e fuele mejor partir la paz e la segunda
por quel tenia bien guisado como sus sobrinos co
todas sus gentes muriesen syn quel traydor ny los
suyos se pussiesen en pligro e aun por esta razon se
rrefija la batalla. Capitulo. III. de como don rrodri
go enbio alos ynfantes a cotter el canpo y quedo el enla
da y como enbio a avisar alos moros y como despidio alos sobri
nos y se fue el alos moros y nuño sabido en pos el myrando
lo que les desia y como cercaro los moros alos ynfantes
e murio nuño sabido /.

Despues de acabadas todas aquestas fazjendas
e palabras e todos con lo tros sale en consen
va de amistad e traygon aparejaron luego sus
tiendas e fueron su camyno adelante contra los mo
ros e por quel traydor de don rrodrigo se aquexava
mucho a demas tanto aquel dia andovieron fasta
que allegaron al canpo de aluar e el traydor de don
rrodrigo como fue en aquel lugar començo luego a
usar de su maluada traygion e llamo a sus sobrinos
e dixoles a sus sobrinos paresçe que sera bien que
vos otros con vras gentes vos quedrys a quien çe
lada con algunos de los myos e yo yre correr el can
po e yo como quier quel traydor aquesto desja non le
fjo de proposa e quando los ynfantes sus sobrinos
le dixeron padros señor no que vos fablays la
voluntad pro non nazo e quedad vos en buen
hora con todos los vros a quien la çelada e nos
yremos con los nros a correr el canpo todo e qua
to aquello don rrodrigo oyo folgo mucho e aym
e todos los suyos en el mas encubierto lugar que pu
e aviso alos ynfantes por onde y que manera avia
de yr e rrobar todo quanto fallasen e gelo avia to
do de traer alli en la vna de lo qual el traydor de don rro

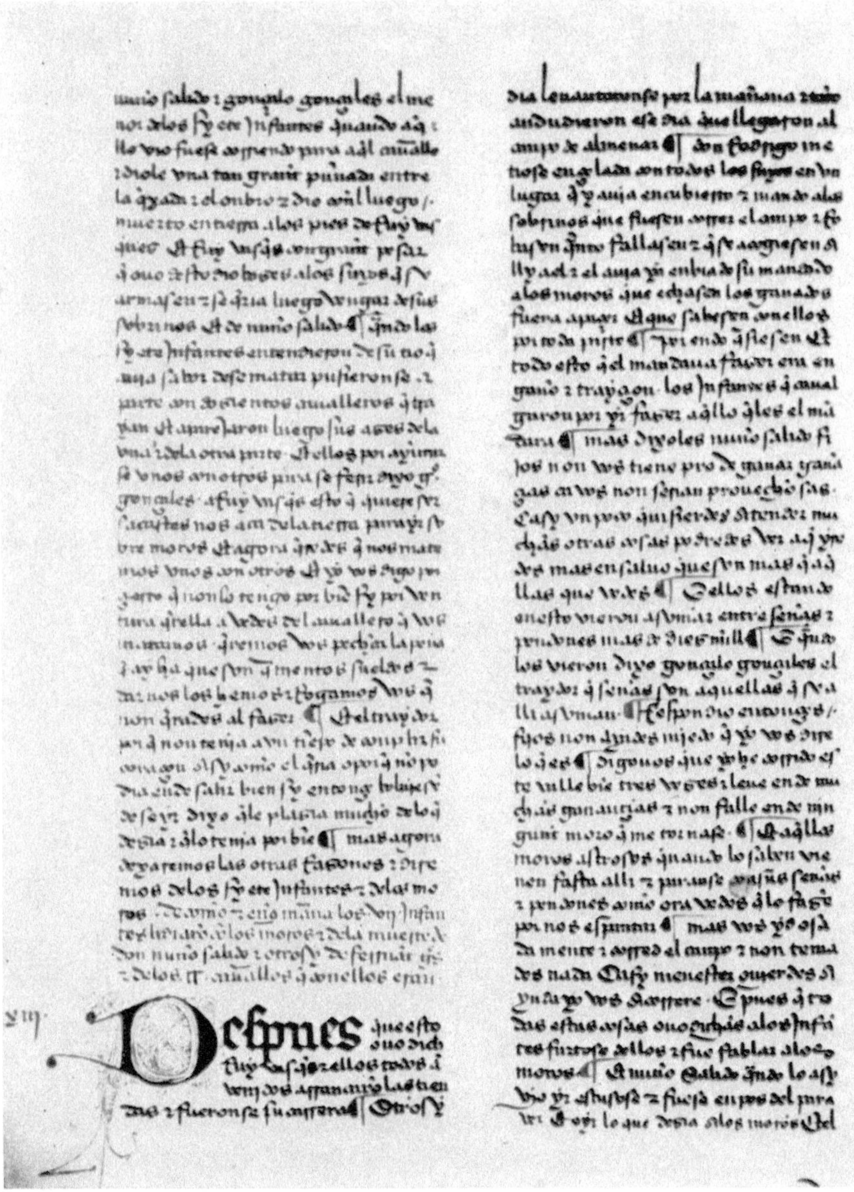

Fig. 6

cara & vistió así, & a sus donsellas todas de negro, & estouo así algunos días fasta que Ruy Vasques vino a Baruadillo.

Et quando Rruy Vasques allegó, saljó doña Lanbra con todas sus donsellas todas rrascadas & vestidas de negro, & començaron de nuevo de se rrascar e faser tan grand duelo por ençima de aquel estrado negro que fecho tenjan, disiendo que pues non rresçebía ella menos ynjurias que biuda desanparada & desonrrada & ferida de mano de los syete ynfantes por tan grandes males & desonrras como ellos le aujan fecho.

Et así destas & otras mucho enconadas & ponçoñosas palabras & leuantamjentos doña Lanbra disiendo todavía, nunca en aquellos días Ruy Vasques la pudo asosegar fasta que le fiso juramento que la vengaría de todos ellos muy bien a su voluntad, & dende a pocos días partióse Rruy Vasques de Barbadillo, muy lleno de mentirosas ynformaçiones malas et cabsadoras de muy grandes males, & fuese ver con Gonçalo Gustines & con sus sobrinos.

Et como aquel que traya la trayçión de secreto ordenada, començóse de [14]quexar así ljgeramente como de no nada de los sus sobrinos, los ynfantes, et los ynfantes le dixieron que les plasía de se poner en sus manos & faserle toda hemjenda de qualqujer error que contra ellos fuese fallado, tanto quél qujsiese [15]primeramente saber la verdat [145r] de todo ello, & así quedaron como amjgos fingidos de la parte de don Rrodrigo.

Et después desto, a cabo de tienpo, mandó desir don Rrodrigo a don Gonçalo Gustines que se viesen amos a dos, ca le quería fablar algo de su prouecho, & quando se vieron amos, dixo don Rrodrigo así: "Don Gonçalo Gustines, hermano bien sabéys cómo de mj boda quedé muy gastado, & cómo agora avía menester algund ayuda para algunas cosas que me menester fasían, & don Garçi Ferrandes njn vos non estáys agora en tienpo de me poder socorrer con aquello que me menester fase. Et Almançor, [16]rrey de Córdoua, me

---

[14] se quexar.
[15] saber la verdad primeramente.
[16] 156r.

tyene mucho cargo, & me mandó agora desir que sy yo allá fuese, o enbiase tal presona, que me ayudaría muy bien para mjs bodas, & yo non so agora en tienpo para me partyr a tanto lexos de mj casa, & querría vos pedir de graçia, como yo faría por vos, que tomásedes vos [17]este cargo, pues que soys a tienpo de lo poder faser por mj. Et yo escreujré a mj amjgo Almançor con vos, & él vos dará asás bien que me tiene prometido, & dello quél me enbiare, vos avréys vuestra parte."

Et quando don Gonçalo Gustines aquesto oyó, plógole con sana voluntad de lo así faser, & dixo que le plasía. Et don Rodrigo, quando aquesto oyó, fuese para su posada & [18]llamó a vn moro suyo, & mandóle que escreujese vna carta por lo morisco que así desía: "Almançor, yo, don Rrodrigo Vasques, salud vos enbío como amjgo que amo de todo mj coraçón. Fágovos saber que los fijos de Gonçalo Gustines de Salas, este que la carta vos dará, desonrraron malamente mj muger. Et porque [19]me dellos non puedo vengar acá en la tierra de los xpistianos, así como yo querría, qujero vos los dar todos a las manos. Et sabed que cunple que primero cortéys la cabeça a ese Gonçalo Gustines, que allá va portador de la presente, & si lo vos así faséys, faréys a mj mucho plaser, et a nos muy grande prouecho, ca faréys camjno & manera que vos yo pueda entregar todos sus fijos para vos [20]dellos a vos et a mj vengar, & de otra gujsa non se podrá nada faser. Después, yo lleuaré comjgo todos sus siete fijos, que non han más de [145v] tresientos [21]caualleros conssigo. Et vos salirés con vuestra hueste para tal día por el canpo de Almenara, a çierto lugar, & matarlos hedes todos, ca vos çertifico que estos son los onbres del mundo que vos más contrallos son acá en esta tierra de los xpistianos. Ca çiertamente son todos muy esforçados varones, & tanto que ellos biujeren, non esperéys sy non mucho mal & guerras & destruyçiones, de todos los vuestros, & matando vos a todos,

---

[17] ese.
[18] llamó vn moro suyo.
[19] dellos non me puedo vengar.
[20] dellos dellos (*both are scratched out*).
[21] cauallos.

luego vos tened por señor de toda la tierra de todos los xpistianos."

Et después quel traydor de don Rrodrigo ouo esta carta fecho, mandó luego ²²matar su moro de súpito porque le non descubriese & cerró muy ²³bien la carta, pero non la selló njn sobreescriujó, & vínose con ella para donde estaua don Gonçalo Gustines. Et díxole así: "Hermano, ya tienpo sería que vos partiésedes para Almançor."

Et Gonçalo Gustines le rrespondió que se non detenja saluo por su carta para Almançor. Et mandó luego Ruy Vasques llamar allj vn moro que supiese escreujr el aráujgo, et quando el moro vino, notó Rruy Vasques la carta para Almançor de la propia entençión que con Gonçalo Gustines avía fablado. Et después que la carta fue escripta, mandó llamar otro moro que la leyese allj delante de Gonçalo Gustines para lo más asegurar, & después, çerróla muy bien así como la otra, & al tienpo de sobreescreujr, trocó la carta que traya en su manga por la otra. Et después que fue sobreescripta, sellóla de su sello & diola a Gonçalo Gustines.

Et díxole: "Hermano, despedidvos de mj hermana, doña Sancha, & yd a la graçia de Dios, ca yo me qujero yr con vos vna legua por ese camjno fablando de otras cosas que me cunplen que digáys a Almançor de palabra."

Et Gonçalo Gustines despidióse de su muger & de sus fijos los ynfantes, & començó de andar, & don Rrodrigo con él, et a cabo de media legua, después de muchas cosas que don Rrodrigo con Gonçalo Gustines fabló, sacó la carta sellada de su manga & diógela. Et rrecomendóle la cosa muy encargadamente & ²⁴despidióse dél & bolujóse para su casa.

Et don Gonçalo Gustines andovo tanto fasta que llegó a Córdoua, et [146r] quando fue ante Almançor, ²⁵diole las cartas & díxole de palabra que lo enbiaua mucho saludar don Rrodrigo & todas las otras rrasones quel dicho don Rrodrigo le dixera, & quando Almançor leyó la carta, començóse de rreyr & preguntó a Gonçalo Gustines si sabía lo que

---

²² 156v.
²³ bien *has been written above and between* muy la.
²⁴ dispidióse.
²⁵ et diole.

en aquélla desía, & don Gonçalo Gustines dixo que non. Et gela leyó toda delante.

Et quando Gonçalo Gustines la oyó, quedó mucho fuera de sí, et díxole luego Almançor cuando le así vido demudado: "Gonçalo Gustines, esforçad en vos, ca non quiero yo [26]faser lo que la carta dise, ca vos quiero bien & non vos cortaré la cabeça, mas yd vos agora con ese mj alcayde, el qual vos terrná bien preso & bien rrecabdado a vuestra honrra lo más que ser pueda," & mandó a vna mora suya que lo [27]syrujese & procurase bien todo lo que menester oujese, tanto que preso estoujese.

Capítulo 201. De cómo don Rrodrigo de Lara fabló con los siete ynfantes & los rrecabdó muy bien en el caso de su trayçión, & de cómo Nuño Sabido vido en el camjno tales agüeros, por onde los aconsejaua que non fuesen, & de cómo se dellos partió enojado & los dexó. ccj

Después quel traydor de don Rrodrigo sintió que don Gonçalo Gustines era en cobro, fue fablar con los ynfantes de sus traydoras palabras, disiéndoles así: "Sobrinos, yo quiero agora, en tanto que vuestro padre viene, yr a correr con mj gente por el canpo de Almenara, et acordé de non yr allá [1]sin vos lo faser saber, por que vos non acaloñedes contra mj como soledes. Et por ende vos lo digo, & si allá qujsierdes yr, vos avredes vuestros qujñone[ro]s, & si non qujsiéredes yr, quedat & guardat la tierra."

Et los ynfantes, sus sobrinos, le rrespondieron que mejor quedaría él en su casa & guardaría la tierra, & que ellos yrían a la batalla, onde mejor paresçerían que allj, & que non mostrarían ellos de sy tal cobardía. Et el malo de don Rrodrigo, quando aquesto oyó, folgó mucho, & conçertaron entre sí el día & logar & manera de todo ello, & así como lo conçertó, así lo fiso luego saber a los capitanes de los moros que Almançor allj aparejara con la orden & manera.

---

[26] 157r.
[27] seruiese.

[1] syn vosotros. Fágovos lo saber.

[146v] Et quando fue ²allegada la hora de la partida, mandó desir don Rrodrigo a sus sobrinos que se gujsasen, & él adereçó su conpaña, & con él otros muchos folgaron de yr porque era omne muy venturoso, & fuese don Rrodrigo a esperar a los sobrinos en la vega de Febres.

Et quando los ynfantes sopieron que el tyo era partido, agujsáronse muy ayna, & despidiéronse de doña Sancha, su madre, & fuéronse en pos él, & yendo fablando por vn camjno, allegaron a vn pinar que ³llaman Tenjcosa, que es a par del camjno, a la entrada del monte, & yendo con ellos Nuño Sabido, su ayo de los ynfantes, el qual vido y muy grandes & malos agüeros que muy espantables señales fasían. Et non qujso desir nada por non enojar a los ynfantes. Et fueron vn poco más adelante, & vido Nuño Sabido estar vna corrneja a la mano derecha & otra a la mano sinjestra, fasiendo muy grandes agüeros, & callóselo a sí mjsmo.

Et fueron más adelante, & vido estar Nuño Sabido a vn águjla cabdal ençima de vn seco pino, como estaua desgarrándose toda, desplumándosse & sacando mucha sangre de sy mjsma. Et quando Nuño Sabido, ayo de los ynfantes, ya aquello vido, njn lo pudo sofrir, njn lo pudo callar, njn consentyr. Et dixo así a los ynfantes: "Fijos, amjgos, ⁴¡torrnémosnos a la villa, ca estas aves muy claramente nos lo rrequjeren & amonestan! Et rruégovos mucho que non pasemos más adelante vn sólo paso, & vamos para vuestra madre, doña Sancha, ca vos yo juro en verdat que nos cunple mucho de nos boluer. Et estaremos allá algunos días fasta que aquestas aves corran adelante, ca ellas muestran todo mal para nos sy adelante dellas pasamos."

Et los ynfantes Respondieron que nunca Dios qujsiese que tal ellos fisiesen, ca su tyo los atendía dos días auya ya, et que por las aves non ⁵avían cuydado njnguno, ca non demonstrauan saluo contra la presona del capitán.

Et quando Nuño Sabido vido la voluntad de los ynfantes, sygujó en pos ellos mucho contra su voluntad, & yendo asy

---

² allegado.
³ 157v lla/man.
⁴ tornémonos.
⁵ sabían avían (sabían *has been crossed out*).

[147r] vn poco más adelante, vieron venjr contra ellos vn águjla cabdal dando muy grandísimos gritos, & vino posar en vn pino q*ue* era en la meatad del camjno, & estouo así vna grand pieça dando muy grandes gritos, & de sy lançó las sus vñas por la garganta & rrasgóse todo el papo & las venas de la garganta, de gujsa que cayó muerta en t*ie*rra junto con el pino.

Et q*ua*ndo Nuño Sabido aq*ue*sto vido, torrnóse contra los ynfantes, disiéndoles: "Fijos, bien vos desía yo verdat, ca después que yo sé catar ⁶en agüeros, nu*n*ca los tan ásperos njn contrarios vy. Et rruégovos que en toda gujsa nos torrnemos, ca me non plase de pasar más con vosotros adelante. Ca sabed, syn dubda njnguna, que co*n* muy grant trayçió*n* vos lleua a matar el que vos lieua."

Et como esto acabó de desir, dio de las espuelas a su cauallo & pasó delante de todos & fiso co*n* la lança ⁷de p*ar*te a p*ar*te del camjno vna rraya. Et dixo así: "Yo juro a Dios del çielo que q*u*jen de aq*ue*sta rraya pasare, a Salas non torrnará. Et yo non yré con vosotros más, ca verdaderamente veo v*ues*tras muertes ante los ojos. Et sy vos q*ue*réys pasar estos agüeros, enbiad desir a doña Sancha, v*ues*tra madre, que cubra siete camas de duelo & q*ue* las ponga todas en medio de su casa, et q*ue* tan grandes llantos faga como sy muertos los toujese ya delante sy."

Et q*ua*ndo los ynfantes aq*ue*sto oyeron, pesóles mucho de coraçón por aq*ue*llas cosas que Nuño Sabido desía & fasía. P*er*o el mal sofrido de Gonçalo Gonçales, menor de todos los ynfantes, dixo así: "Don Nuño Sabido, vos avéys fablado mal, ca por lo que avedes dicho, ya mereşçiedes vos la muerte, si entre nos oviese q*u*jen vos la dar. Et dígovos de çierto que sy mj ayo no*n* fuésedes como soes, yo vos avría ya muerto syete veses, et de aquj adelante vos digo et defiendo q*ue* de aq*ue*sta Rasón non fabléys más, ca nos torrnaremos bjuos & sanos, & vos non torrnaredes. Et non vays más con nosotros, ca vos avemos por mayor agüero

---
⁶ 158r.
⁷ de parte del camino.

que a las aves. Et vos soys ya viejo & teméys la muerte más que los moços."

Et quando Nuño Sabido aquello oyó, començó de desir, llorando muy fuertemente de sus ojos: "O, fijos, qujen en mal ora vos yo crié, tan poco me ora [8]creys[tes]. Et pues que así es, Ruégovos despidáys de mj para sienpre, [147v] ca vos [9]nunca jamás veré de mjs ojos. Et yo vos digo que mejor lo sé que lo digo," & los ynfantes, echándolo todo en burrla lo que Nuño Sabido les desía, despidiéronse dél & fuéronse su carrera, mas Nuño Sabido les desía, despidiéndose, quél se boluja a [10]Salas.

Et los ynfantes yuan adelante a más andar, [11]& cuydó Nuño Sabido en sy como fasía mucho mal & desonrra para ssy en dexar a los ynfantes de aquella gujsa que los dexaua yr a la muerte, aujéndolos él criado a todos desde [12]chequjtos. Et mayormente, siendo él en tanta hedad, et como biujría denostadamente aquello poco que le quedase de beujr. Et más, quando el traydor de don Rrodrigo viniese de su mala fasienda, que lo mataría. Et así pensando en aquestas & en otras muy muchas cosas que la Rasón le presentaua, cuydó de se boluer, & bolujóse rresiamente a rrienda suelta para alcançar los ynfantes.

Capítulo ccij. De cómo los ynfantes [1][fueron] onde su tío estaua et le rrecontaron lo que les dixera Nuño Sabido, et de lo que ende fabló don Rrodrigo quando Nuño Sabido torrnó, & de lo que después ende se fiso.

Tanto andoujeron los ynfantes fasta que allegaron a Felis, onde el traydor de don Rrodrigo estaua, & quando el traydor los vido, saljóles a rresçebjr con muy grande alegría. Et díxoles como avía tres días que los esperaua allj.

---

[8] creystes.
[9] nunca veré jamás veré (*second* veré *has been crossed out*).
[10] 158v Sa/las.
[11] cuydó.
[12] chiquitos.
[1] fueron.

Et preguntóles por Nuño Sabido, ¿qué fisiera Dios [2]dél? Et Respondiéronle los ynfantes con todo enteramente quanto entrellos auja pasado.

Et quando aquesto el traydor oyó, loóles muy mucho sus buenos esfuerços, & desfísoles todo aquello que Nuño Sabido les dixera, & torrnógelo todo al rrevés, disiendo él sabya más en agüeros que Nuño Sabido, & mostróles luego sus contrarios en cómo aquellos agüeros eran señales en que todos avían de venjr rricos & de buena ventura. Et después que les ouo fecho los tranpantojos, dixo así: "Yo lo juro a Dios del çielo que de çierto fiso mal Nuño Sabido, & qujera Dios que se non arrepienta."

Et ellos en aquesto estando, allegó Nuño Sabido, & quando lo vieron los ynfantes, folgaron mucho con él [148r] et rresçibiéronlo muy onrradamente, pero el traydor de don Rrodrigo, quando lo vido, díxole así: "Nuño, sienpre me vos [3]fuestes contrario en quanto pudistes, & avn agora en esto vos trabajades, & a mj [4]mucho me pesaría sy yo de vos non oujese derecho a todo mj plaser & poder," & Respondió luego Nuño Sabido: "Deseo que sepáys lo que de ante entrellos pasara," disiendo así: "Don Rrodrigo, yo non ando con falsedat, mas ando con verdat, & digo a qujen dixiere que los agüeros que nosotros vjmos son ganançiosos & non perdidosos de las presonas, que mjente muy falsamente & non dise en ello verdat, mas antes será onbre para armar las trayçiones & concluyllas que para otro algund bien."

Et quando el traydor de don Rrodrigo oyó lo que Nuño Sabido desía, pesóle muy mucho de coraçón, et començó a dar muy grandes boses, disiendo: "¡Ay de los mjs vasallos! ¡En mal ora vos yo di mjs soldadas! Tantos tienpos hasy Nuño Sabido me asy tiene de desonrrar, e ¿me dél non dades derecha vengança? ¡E avn paresçe que vos plase de lo que dise!"

Et quando esto oyó vn cauallero de don Rrodrigo que desían Gonçalo Sanches, tyró muy a priesa por su espada, &

---

[2] por él *originally, corrected to* dél *in Sa.*
[3] fustes.
[4] 159r mu/cho.

arremetió para dar con ella por çima de la cabeça ⁵a Nuño Sabido. Et Gonçalo Gonçales, el menor de los ynfantes, quando aquello vido, arremetió muy más de priesa contra aquel Gonçalo Sanches, ante que Nuño Sabido fuese ferido, & diole vna tan grande puñada en el rrostro o pescueço, que dio con él muerto en la tierra a los pies de don Rrodrigo. Et don Rrodrigo, con el grand pesar que ouo, dio muy grandes boses a los suyos que se armasen porque él se quería luego vengar de sus sobrinos & de Nuño Sabido.

Et quando los ynfantes conosçieron del traydor que auja sabor de se matar con ellos, apartáronse con sus tresientos caualleros, & pusieron luego sus hases así de las vnas como de las otras partes, & ellos ya en tienpo para se venjr a dar & ferir de las lanças, dixo Gonçalo Gonçales, el [148v] menor de los ynfantes, al traydor de don Rrodrigo, su tío: "Y esto, señor tío, ¿qué qujere ser? Paresçe çiertamente que nos sacastes acá para ⁶nos matar & non paresçe bien, & [si] querella tenés del vuestro cauallero que murió, nos queremos ser a toda rrasón & satisfaser a vos de lo que deujéremos ⁷por derecho & justiçia, que a las mayores penas podrán ser. Pagaros qujnjentos sueldos, & darvos hemos luego, & rrogámosvos mucho que non querades al faser," & quando el traydor de don Rrodrigo aquesto oyó, folgó muy mucho por dos cosas: la primera, porquél tenja muy grandísimo themor de sus sobrinos, & más de Gonçalo Gonçales, & auja rreçelo de morir allj a sus manos, & fuele mejor partido la pas; et la segunda, porquél tenja bien gujsado como sus sobrinos, con todas sus gentes muriesen syn que el traydor njn los suyos se pusiesen en peljgro. Et así, por esta rrasón, se desfiso la batalla.

---

⁵ de Nuño.
⁶ matarnos.
⁷ 159v.

Capítulo cciij. De cómo don Rrodrigo enbió a los ynfantes a correr el canpo & quedó él en çelada, & cómo enbió a aujsar a los moros, & cómo despidió a los sobrinos & se fue él a los moros, & Nuño Sabido en pos él, mjrando lo que les desía, & cómo çercaron los moros a a los ynfantes, & murió Nuño Sabido.

Después de acabadas todas aquestas fasiendas & palabras, & todos, como Dios sabe, en conserua de amjstad & de trayçión, arrancaron luego sus tyendas & fueron su camjno adelante contra los moros. Et porque el traydor de don Rrodrigo se aquexaua mucho además, tanto aquel día andoujeron fasta que allegaron al canpo de Aluar, & el traydor de don Rrodrigo, como fue en aquel logar, començó luego a vsar de su maluada trayçión et llamó a sus sobrinos, & díxoles así: "Sobrinos, a mj paresçe que será bien que vosotros con ¹vuestras gentes vos quedéys aquj en çelada con algunos de los mjos, & yo yré correr el canpo."

Pero comoqujer que el [149r] traydor aquesto desía, non se fiso de rrogar quando los ynfantes, sus sobrinos, le dixieron: "Par Dios, señor tío, que vos fabláys a voluntad, pero non rrasón, & quedat vos en buen ora con todos los vuestros aquj en la çelada, et nos yremos con los nuestros a correr el canpo todo."

Et quando aquello don Rrodrigo oyó, ²folgó muy mucho & ayuntó todos los suyos en el más encubierto lugar que pudo, & avisó a los ynfantes por donde & qué manera avían de yr & rrobar todo quanto fallasen, & gelo avían todo de traer allj en la vía, de lo qual el traydor de don ³Rrodrigo non erró en ssu trayçión, porque luego, en allegando los ynfantes a Felis, envió el traydor de don Rrodrigo vna muy secreta embaxada a los moros de cómo y en qué logar avían de ser todos aperçebidos, & de las señas & vanderas que sus sobrinos leuauan, & asimjsmo de las suyas, porque los moros non errasen en sus obras.

---

¹ vuestros.
² folgó mucho.
³ 160r Rro/drigo.

Et así como en aquel logar el traydor de don Rrodrigo auja de quedar en la çelada, fueron todos ayuntados & ⁴rreposados en descanso con sus gentes & cauallos, & como el traydor sintió que los moros eran prestos & sus ganados todos por el canpo derramados a paçer en muy grand seguridad, & asimjsmo todas las otras bestias & labradores de las tierras en camjno, [llamó] a sus sobrinos y encomendólos a Dios & a sus buenas ⁵discriçiones.

Et al tienpo que los ynfantes querían ya yr correr los canpos, comulgaron & confesaron todos sus pecados, vnos a otros, & començaron a andar & prosegujr aquella vía quel traydor de su tío les mandó, & ellos así yendo, vieron estar muchos ganados & bestias & onbres por los campos derramados, & tomaron en sy muy syngular plaser, & començáronse de apresar por el canpo.

Et quando así los vido yr Nuño ⁶Sabido, llamólos a muy grandes boses & detóuolos vn pedaço, & díxoles así: "Fijos, amjgos, non vos apreséys tanto, njn ayáys cobdiçia de lo que paresçe, ca vos non terrná prouecho tales gananças, ca si vos vn poco qujsierdes esperar, otras cosas [149v] veréys a que más vos converrná Responder, las quales serán más grandes que aquellas que agora vedes."

Et ellos yendo así fablando, alçaron sus ojos & vieron venjr más de dies mjll señas y pendones. Et como el ⁷traydor, don Rrodrigo, avn non era de los ssobrinos despedido, preguntáronle los ynfantes: "Desinos, señor tyo; ¿qué sseñas son aquellas que allj paresçen que se ayuntan?" Et rrespondióles el traydor: "Fijos, non ⁸ayáys mjedo, ca yo vos diré la verdat de lo ques, ca yo he corrido aqueste valle con más poca gente tres veses, & cada ves que aquestos mesqujnos de moros ⁹lo syenten, ¹⁰sálense todos, & pónense allj con todas aquellas gentes por espantar. Pero non ¹¹cre-

---

⁴ rreposado.
⁵ discreçiones.
⁶ Sabidos.
⁷ traydor de don Rrodrigo.
⁸ aya.
⁹ 160v.
¹⁰ salíanse.
¹¹ creyas.

áys que njnguno de todos ellos osase baxar acá. Son todos los viejos & los niños & las mugeres & presonas q*ue* vos no*n* han de contrastar el prouecho, ca nu*n*ca por ellos yo dexaua de faser lo mjo & auer asás prouecho. Mas vos yd syn rreçelo alguno, et corred todo el canpo, & non ayades mjedo. Et ssy alguna ot*ra* cosa fuese, aq*uj* estó yo q*ue* vos luego acorreré."

Et desq*ue* aq*ue*stas cosas ovo dicho el traydor a sus ssobrinos, los ynfantes, díxoles q*ue* se fuesen en buen ora, ca él se boluja para sus gentes que dexaua en la çelada, & los ynfantes se fueron a faser osadamente su fasienda.

Et el traydor de don Rrodrigo se volujó para los suyos, [12]et dende furtóse con algunos pocos de los suyos, & fuese para las çeladas de los moros. Et Nuño Sabido, q*ue* la trayçión temja & barruntaua, vídolo yr muy apresado, encubiertamente, por las faldas de vna syerra, & dexó a los ynfantes, & començó a segujr en pos él, & tanto se apresuró fasta q*ue* llegaua ya muy çerca dél.

Et comoq*uj*er q*ue*l traydor de don Rrodrigo lo vido yr en pos él, non se rreguardó dél, cuydando q*ue* de los suyos era. Et q*ua*ndo el traydor de don Rrodrigo se lançó por las çeladas de los moros a fablar a los capitanes, Nuño Sabido yua muy çerca dél por entender algo de aquello en q*ue* yua.

Et fue así q*ue* al t*ien*po q*ue*l traydor llegó a Galue & a Biara, Reyes moros q*ue* allj venjan por [13]mandado de Almançor, rrey de Córdoua, díxoles así: "Amjgos, agora tenéys bue*n* t*ien*po de me [150r] dar vengança de aq*ue*stos mjs malos sobrinos, ca no*n* tyene*n* más de tresientos cavalleros. Et yd luego, & çercaldos todos por aderredor, et así vos non escapará njnguno dellos q*ue* non muera, ca los yo non ayudaré en njnguna gujsa."

Et como el traydor non se rresguardó, & lo así fabló a grandes boses & con grand plaser, oyólo todo muy bien Nuño Sabido, & rrespondió disiendo assí: "O, traydor & maluado onbre, ¿por q*ué* cabsa o rrasón as traydo co*n* engaño en p*er*diçión & muerte a tus sobrinos, los ynfantes?

---

[12] et dende... los suyos *is missing.*
[13] mando.

& ellos morrán como justos & leales ante Dios & ante [14]las gentes, & a ty malamente te lo Dios demandará, & te dará por ello mala pena & galardón, ca en todo el mundo vnjuerso, njn en los pasados, non se fallaría agora, njn leería en alguna estoria, vn tan grand traydor maluado como tú."

Et q*u*ando aq*u*esto ovo dicho, apretó muy de rresio las pierrnas a su cauallo, syn atender su mala Respuesta, & fendió por entre los moros, & tan desapoderadamente corrió q*u*e njnguo lo pudo alcançar fasta q*u*e allegó en aq*u*el logar onde los ynfantes lo vieron así venjr. Alborosçáronse ellos & sus gentes, et Nuño Sabido allegó dando muy grandes boses, disiendo: " ¡Caualgar, caualgar! ¡Armas, armas! Ca el traydor de v*u*es*t*ro tío, don Rrodrigo, con los moros es de consejo para vos venjr a matar."

Et q*u*ando los ynfantes aq*u*esto oyero*n*, aderesçáronse de sus armas mucho mejor q*u*e no estaua*n*, & caualgaron en sus cauallos, & los moros, como eran muy muchos además, fisieron luego de sy q*u*jnce hases. Et así de aq*u*ella gujsa & ordenança se vinjeron açercando fasta el lugar onde los ynfantes todos con sus gentes estauan, & començáro*n*los de çercar a todos en derredor.

Mas don Nuño Sabido, q*u*ando se así vido de todas partes çercado, començó de esforçar muy de rresio a los ynfant*e*s, disiéndoles así: "Agoras, fijos mjos, vos q*u*jero yo desir la v*e*rdat. Et verdat era lo q*u*el traydor de don Rrodrigo desía, q*u*e aq*u*ellos agüeros que nos veyamos non eran contrarios a nos, saluo [150v] muy buenos & muy prouechosos. Ca nos dan a entender que seremos libres de aq*u*este peljgro & q*u*e vençeremos a estos moros & ganaremos todo quanto ellos han. Et aq*u*esto digo de çierto segun*d* los agüeros, q*u*e después yo vi por la cabsa de los q*u*ales me yo voluj del camjno & me vine para vos. Et porq*u*e creas que es verdad, yo solo q*u*jero yr a ferir en esta primera has."

" ¡O, muy amarga & triste vejedat! " dise agora aquj el autor del muy atribulado viejo de Nuño Sabido, q*u*e tan paternal ley demostró a los tristes ynfantes q*u*e de pequeños crió, q*u*eriéndoles dexar esfuerço porque njnguna muerte

---

[14] *Folio 161 is missing but would begin here.*

sintiesen muriendo batallando, & él querer primero morir que ver morir los ynfantes, non los pudiendo valer, & alçó vna muy grant bos & muy sospirable, et dixo así: "O, fijos mjos & señores mucho amados, yo, desde agora en adelante vos encomjendo a nuestro Señor Dios," & así disiendo, apretó su lança so el sobaco, & su cauallo entre las pierrnas, & con vnos poqujtos de los suyos que le sigujeron, tan de rresio, arremetió a ferir en los moros que mató luego dellos muy muchos, mas los moros eran tantos que çercaron luego sobrél en tanto grado que se non pudo rrebulljr, & tantos fueron las feridas que lo mataron allj luego.

Capítulo [cciiij]. De cómo los ynfantes se esforçaron contra los moros, & cómo después de muerto el mayor dellos, oujeron tregua para fablar a los capitanes, & lo ellos rremjtieron a su tío, & dél non alcançaron bien njnguno fasta que todos murieron, & de lo que ante que muriesen fisieron ellos & algunos caualleros de don Rrodrigo que se dellos doljan.

E como los ynfantes aquello vieron, fueron muy esforçados & rraujiosamente a ferir en los moros. Et tan grand sabor avían de se matar con ellos, que en muy pequeño espaçio murieron grand suma dellos. Más priesa & ardimjento de los ynfantes, non ha omne que lo contar pudiese, ca dis la estoria que tan brauos & rraujiosos andauan que njnguno se les osaua parar delante, sy por açidente non fuese.

Et así de aquesta [151r] gujsa, atrauesaron los ynfantes toda la primera & segunda hases de los moros, & así, a su pessar, pasaron la terçera as onde fueron muy muchos de los moros feridos & muertos, & con ellos todos los caualleros xpistianos, que ya más non fincauan de los siete ynfantes solos, & quando se ellos así vieron, & que non auja al sinon morir, encomendáronse a Dios, et fallaron en su ayuda al apóstol Santiago, & fueron ferir en ellos tan de rresio, & tan bien ljdiaron, & tantos mataron, & tan grande espanto pusieron en los moros que njnguno se les osaua poner delante.

Pero tantos ¹eran los moros & tantos eran los tyros de las lanças & saetas & piedras & diuersas feridas que las non podían sofrir. Pero sufriéndolo todo ²los tristes de los ynfantes, ³dixo Ferrand Gonçales, el mayor de los ynfantes, a muy grandes boses: "Hermanos, esforçémosnos quanto más pudiéramos, ca non tenemos aquj otro que nos ayude saluo Dios, & pues que nuestro ayo don Nuño Sabido es muerto, & nuestros caualleros son muertos, conviene que, como onbres, con ellos muramos aquj. Et sy tanto mal falláremos que nos non podamos valer, acojámonos a este cabeço alto fasta que descansemos," & así batallando con los moros, llegaron a tienpo que se non podían meçer, & acogiéronse muy de priesa todos siete a vn alto cabeço que y era, & estoujeron vn pedaço descansando & sufriendo muchas pedradas & saetadas, & desque oujeron en sí algund poco de rrefuelgo, & por la grand priesa que les dauan, ca non semejauan al saluo toros garrochados & con demasía de mal acuden a los contrarios.

Et así desta gujsa aquestos tristes ynfantes diçieron a pelear con el muy poco rrefuelgo que alcançaron, & dieron otra ⁴espolonada tan de rresio acometida que non semejauan onbres, mas ⁵espíritos diabólicos, segund la mortal rrauja de la muerte que en los coraçones trayan, & así andando, fasiendo muy desordenados & terribles fechos de onbres, & matando syn otro sentido alguno todo lo que delante tomauan, fue así que en vna muy grand prissa [151v] que los moros con ellos apretaron, pudieron los moros matar a Ferrand Gonçales, el ⁶mayor de los siete ynfantes. Et los otros tristes hermanos, que perdían ya las fuerças & se yuan ya alçando de la ⁷priesa para aquel otero, quando fueron allá en çima & pudieron alcançar algund aljento, aljnpiáronse sus bocas & sus ojos & su cara de la tierra, & vinjeron

---

¹ 162r.
² los de los tristes (de los *has been crossed out*).
³ dixo Ferrand... los ynfantes *is missing*.
⁴ espolada.
⁵ espíritus.
⁶ mayos.
⁷ presa.

tomar algund confortamjento. Mjraron por sí mismos & fallaron menos a Ferrand Gonçales, su hermano. Et como lo non vieron en su conpañja, quebrantáronseles sus coraçones, ca luego cuydaron que quedaua muerto.

Et desque se vieron así tan trabajados estar, demandaron por Dios a los moros [8]la tregua, & non por más tienpo de quanto fuesen fablar con sus Reyes dellos, & los contrarios gela ortogaron, & saljó vno de los ynfantes que se desía Diego Ferrandes con aquel seguro sobre su fe, et fue fablar a Aljcante & a Viara & a Galue & a Barrasjn, Reyes moros que y eran, & la rrasón sobre qué fue atal que si les plasería que viujesen & fuesen presos, & los moros le rrespondieron que en aquesa parte tal non farían saluo aquello que su tío qujsiese, & que le darían logar sobre su fe que lo fuese rrecabdar dél, et que si dél lo rrecabdasen, que a ellos plasería de buena voluntad, & donde non, que se bolujese allj a aquel logar onde saljera, & a Diego Gonçales plogo mucho de aquello, & dioles dello su fe, & fuese [9]luego para onde estaua el traydor de su tío, don Rrodrigo. Et quando el traydor lo vido venjr, [10]pesóle mucho de coraçón et non lo podía mjrar en el Rostro porque cuydaua ya que todos eran muertos.

Et Diego Gonçales, su sobrino, díxole así: "O, señor tyo, don Rrodrigo, sea agora vuestra merçed que nos prometáys la vida & nos queráys acorrer en aqueste trabajo en que estamos, ca Nuño Sabido es muerto, & asimjsmo todos los suyos, & de nuestros tresientos caualleros que aquj traximos, non queda tan solo vno en esta vida que muerto non sea, & nosotros somos asás apocados en las fuerças [152r] & muy mortalmente feridos, & avn Ferrand Gonçales, el nuestro mayor hermano, mataron en estas oras. Et plega agora a la vuestra merçed de ser contento con el nuestro mal, et de nos prometer la vida, pues que de los moros la alcançamos sy a vos plogujere."

---

[8] 162v.
[9] lugo para donde.
[10] pesóle de coraçón.

Et quando el ynfante acabó de fablar, Respondióle luego el traydor de su tyo, [11]disiendo: "Amjgos, yd a vuestra ventura. O si cuydáys que tengo olujdada la desonrra que me fesistes en Burgos quando matastes a Aluaro Sanches, & lo que fesistes a doña Lanbra, my muger, njn avn la muerte del cauallero mjo que matastes en Febres. Yvos en buen ora; [12]buenos caualleros soys todos vosotros. Trabajad de vos defender, pues njnguna esperança en mj tenéys."

Et quando Diego Gonçales oyó & vido la grant crueldad de su tío, despidióse dél, & bolujóse para sus hermanos, & contóles [13]toda la desaventura que en el coraçón de su tío fallara.

Et fueron todos así muy acuytados, & ellos, estando así solos et desventurados, & los moros que los començauan a desboluer, metió Dios en coraçón a algunos de los que con el traydor de don Rrodrigo estauan, por el grandísimo dolor que de la su desanventurada muerte de los ynfantes aujan, & apartáronse entrellos afuera de su conpañja del traydor fasta mjll caualleros con muy católica voluntad, & de morir con ellos. Et ellos que se yuan ya por el camjno vna legua & más para los ayudar, et el traydor, quando lo sopo, fue a muy grand priesa en pos ellos, & con muy grandes boses & falsas palabras, físoles a todos boluer, disiéndoles asy: "Amjgos, dexavos estar a mjs sobrinos, & amuéstrense a ljdiar, ca si algo ovieren menester, yo mjsmo les acorreré mejor que vosotros."

Et boljuéronse los caualleros todos luego, a mal de su grado, por los grandes males & amenasas quel traydor les fasía, & bien por allj fueron todos çertificados de la muy grand trayçión que allj andaua, pero algunos mançebos osados & virtuosos, así como llegaron a su rreal, defurtáronse por otra parte tres a tres & quatro a quatro, & ayuntáronse [152v] de aquestos tales fasta tresientos caualleros, & quando así fueron ayuntados, juramentáronse todos muy fuertemente, et judgáronse por traydores todos aquellos que non fuesen a ayudar a los ynfantes, avnque don Rrodrigo

---

[11] diziendo assy.
[12] caualleros buenos.
[13] 163r to/da.

vinjese contra ellos. Et que si porfiase de los boluer, que lo matasen sin otro determjnamjento, & que a toda muerte o vida se ofreçiesen todos en esta demanda. Et luego que esto ovieron firmado, [14]apresáronse quanto pudieron, ca veyan la grand priesa en que los ynfantes estauan.

Et quando los ynfantes los vieron tan de corrida venjr, luego cuydaron de çierto quel traydor de su tyo, con la yra grande que tenja por los ynfantes estar bjuos, venja de priesa para los matar a lançadas.

Et quando así aquellos caualleros allegaron, [15]fendieron muy brauamente aquel grand çerco en que los moros tenjan los ynfantes. Et los [16]ynfantes, con aquel espanto & pensamjento, queríanse dexar matar, ca non podían ya pelear.

Et así estando con aquel desmayo, oyeron las muy altas boses de los xpistianos caualleros, disiendo así: "¡Ynfantes, non temades, ca en la vuestra ayuda venjmos, & en ella queremos morir con vosotros o beujr! Ca bien veemos que vuestro tío ha grande sabor de la vuestra muerte." Et desque fueron todos juntos, dixieron así los caualleros a los ynfantes: "Sy, por aventura, de aquj escaparemos bjuos, non queremos al de vosotros saluo que nos defendades de vuestro tío, don Rrodrigo," & los ynfantes así gelo prometieron de faser con juramento que les fisieron.

Et como los moros les dauan muy grand priessa, non se podían así tener a las rrasones, fueron todos ferir en los moros tan fiera & mortalmente qual nunca jamás se falla entre las gentes, ca fue así aquella batalla tan ferida & tan ásspera & fuerte, como sy fueran tantos por tantos los conbatientes.

Et tan grand fue la mortandat que de aquellas tan pocas gentes fue fecha entre los moros, que non paresçía ya el suelo con los onbres muertos que y eran, et fueron asy muertos, segund la cuenta que los moros fisieron, dos mjll [153r] seysçientos caualleros dellos antes que se [17]supiese morir vno ssólo cauallero xpistiano.

---

[14] aprisáronse.
[15] defendieron.
[16] 163v yn/fantes.
[17] pudiese.

Et quando los moros aquel tan grand desbarato vieron, ayuntáronse todas las qujnse hases, vnas con otras, & comencaron como de cabo las hases todas juntas de ljdiar. Et creçió la muchedunbre de los moros que non avían en cuenta de morir çient moros por vn xpistiano. Et así de aquesta gujsa fueron muertos todos aquellos tresientos cavalleros que vinjeron en ayuda de los ynfantes. Et los ynfantes ya en la pelea de tanto tienpo, además cansados, que non podían ya mandar los braços njn ferir con ellos, saluo esperar los golpes como piedras firmes.

Et quando los quatro Reyes moros vieron así ya estar tan cansados & dibiljtados a los syete ynfantes, ovieron dellos muy grand duelo, & fueron todos quatro por sus mjsmas presonas a los tyrar en saluo de aquella priessa & trabajo en que estauan, con [18]dolor grand que dellos ovieron, & [19]leuáronlos para la tyenda de vno de aquellos Reyes & fisiéronlos desarmar, et fisiéronles lauar las caras & las bocas & los ojos de la mucha tierra et sangre que tenjan, & diéronles de comer & de beuer. Et los ynfantes comjan & beujan, cuydando escapar de muerte.

Et mjentra ellos comjan & beujan, andauan los Reyes & los otros grandes omnes departiendo entre sí de la grand noblesa & virtud de aquellos varones & de aquesta tan grande trayçión & mala verdat en que morían, & condoljanse muy mucho su mal. Et así tenjan acordado de los leuar para Almançor bjuos & feridos como estauan.

Et quando el traydor de su tío sopo en cómo non eran muertos & los tenjan así de aquella gujsa para leuar a Almançor a Córdoua, caualgó luego muy de priesa & fuese para onde los rreyes moros estauan, e díxoles que ellos fasían muy grande mal en dar vida a tales omnes como aquéllos, pues que sabían de çierto que por qualqujera que dellos quedase, se auja de arder toda la tierra de moros, et que non qujsiese Dios que ellos en tal yerro cayesen, njn la [20]esperiençia de lo tal viesen, et que non curasen de los leuar

---

[18] dolor tan grande.
[19] 164r.
[20] espirençia.

a [153v] Córdoua, njn a otro logar, saluo que los matasen a todos allj luego; si non, que juraua a Dios de non torrnar para Castilla, et que se yría para Córdoua para Almançor, & que les faría presto cortar las cabeças a todos porque yuan contra el mandamjento de Almançor.

Et quando los rreyes moros aquello oyeron, fueron muy espantados de tan mal omne. Et como se non fundía la tierra con ellos & con él, et los ynfantes, que lo bien todo oyan, non avían bocas con qué fablar, njn sabían qué se desir. Pero Gonçalo Gonçales, el menor de los ynfantes, Respondióle, disiendo así: "O, traydor dañado, sobre quantos malos en el mundo fueron, traxístenos aquj para quebrantar los enemjgos de la fe, & agora dises que maten ellos a nos. E rrogamos a Dios que [21]te lo él nunca perdone."

Et dixieron entonçes los rreyes moros a los ynfantes: "Nos non sabemos aquj qué faser, ca si se va vuestro tío para Córdoua [22]como él dis, torrnarse ha moro, et Almançor le dará su poder para contra nos, et buscarnos ha otra grande mala ventura. Pero pues que así es, torrnarvos hemos a donde vos sacamos, et defendeos lo mejor que pudierdes, ca ya vedes que non podemos al faser."

Et entonçes fisieron a los ynfantes bien armar & confortáronlos lo mejor que pudieron, et torrnáronlos a aquel mjsmo lugar onde los sacaron. Et mandaron a sus moros que los despachasen. Et fueron luego tan espesos los moros sobre ellos como las gotas del agua menuda. Et fue presente a todo esto el traydor de don Rrodrigo, su tyo, et tan fuertemente los començaron los moros a ferir por los más ayna despachar, quanto las sus fuerças los podían leuar.

Et cuenta la estoria que segund la rraujossa manera que los ynfantes tenjan en el pelear, que dies mjll & sesenta moros fueron allj muertos.

Et comoqujer que los ynfantes todos fuesen muy buenos caualleros, & ljdiasen como Raujosos leones de Ljbia, pero Gonçalo Gonçales, el menor de los ynfantes muy grand aventaja leuaua sobre todos los otros sus hermanos & sus gentes.

---

[21] te lo él perdone.
[22] 164v.

Pero tantos eran los moros, & tan grande era el [154r] su trabajo de aquestos tristes ynfantes, que de fuerça avían de gastar & perder todo el aljento & la fuerça de los braços, ca non estauan ya menos cansados & perdidos que [23]los muertos que yasían. Ca se non podían boluer la vna parte a la otra, njn avn tenjan armas con qué ferir, njn se defender pudiesen.

Et como los moros los vieron de tal manera, matáronles los cauallos, & desque los vieron en el suelo, fueron a ellos, & descabeçáronlos todos vno por vno, todo esto a ojo del traydor de su tjo. Et por su mandado tal orden dio el traydor como los descabeçasen vno a vno en orden así como nasçieron. Et quando non açertauan los moros, mandáuales el traydor dexar vno e tomar otro. E mientra esta fasienda se fasía, estaua el traydor folgando de contar a los Reyes [24]moros que y eran del nasçimjento de sus sobrinos. Et llorauan ellos, & rreyase él.

Et así de grado en grado, quando qujsieron descabeçar a Gonçalo Gonçales, el menor de los ynfantes, et como él vido a los sus hermanos descabeçados, et que querían dél descabeçar, et vido a su tyo que y estaua sobre su cauallo tomando muy syngular plaser, dexóse correr contra el moro que los descabeçaua, et diole vna muy grand puñada en el pescueço que dio con él en tierra luego muerto. Et tomóle luello aquella espada con que los descabeçaua, & mató con ella más de veynte moros [25]algasises que eran en derredor. Et aquesto él fasía por alcançar a su tío comoqujer que estaua arredrado & sobre vn buen cauallo, armado de todas armas.

Et dio luego el traydor de don Rrodrigo muy grandes boses a todos los moros que se juntasen con él syn temer de la su espada, si non que los mataría allj. Et non con poco mjedo el traydor aquesto desía, ca si los moros non [26]çerraran todos con él & lo abafaran allj & mataran entrellos, ya

---

[23] los que muertos yasían.
[24] 165r.
[25] alguasjles.
[26] çerraração.

el traydor se yua desujando. Et fue allj Gonçalo Gonçales descabeçado con los otros sus hermanos.

Capítulo ccv. De las [154v] alegrías q*ue* don Rrodrigo fasía por la muerte de sus sobrinos, & de lo q*ue* los moros escriujeron a Almançor, & de cómo fueron traydas presente dél las cabeças de los siete ynfantes, & [1]las él mostró a Gonçalo Gustines, su padre, & de lo que sobre ellos fiso.

[2]E después que todos los ynfantes & sus gentes fueron muertos, fue el traydor a abraçar a todos los Reyes moros, vno a vno, et [3]besóles en los onbros, et díxoles con muy grandísimo plaser: "Agora, hermanos & amjgos, de aq*uj* adelante estaréys seguros que vos non venga mal, njn [4]dapno de Castilla, njn de Lara." Et los moros Respondieron: "En verdat, don Rrodrigo, aq*ue*sta batalla cuesta a nos mucho cara, & ploguiera a Dios q*ue* nu*n*ca fuera venjda a n*ues*tro poder."

Et así, después de otras muchas rrasones, despidióse el traydor de los rrey*e*s moros et [5]bolujóse para Castilla. Et los rrey*e*s moros sacaron por cuenta todos sus muertos en aq*ue*lla fasienda. Et de todo lo al en como pasó, escriujéro*n*gelo a Almançor. Et q*ua*ndo Almançor lo sopo, q*ue*dó dello muy [6]espantado, & pesóle mucho de coraçón. Et dixo así públicamente q*ue* Dios sería muy grand contrario de q*uj*en fuese amjgo de tan grand traydor como aquél, ca nu*n*ca tan grand [7]traydor fue por jamás de los elementos sacado. Et mandó llama*r* vn xp*ist*iano enasiado q*ue* le escreujese vna carta de desafío así de su p*ar*te como de la p*ar*te de todos los otros rrey*e*s moros, así de [8]alén mar como

---

[1] los mostró.
[2] Después.
[3] besólos.
[4] daño ninguno de Castilla.
[5] 165v bol/uióse.
[6] maraujllado.
[7] traydor jamás de los elementos fue sacado.
[8] allende el mar.

de ⁹aquén mar. Et esto, porq*ue* mjntió a Almançor, disiendo q*ue* los tomarían a manos & syn ¹⁰muerte de onbres. Et después, porq*ue* non ovo en él piadat alguna, & ouo en él tan grand crueldat siendo vmano, a q*uj*en toda la vmanjdat deuja ser muy contraria & lo aborresçer & matar.

Et q*ua*ndo los rreyes moros se partieron de en vno, Aljca*n*te se fue a Córdoua, et la nueua de los muertos ¹¹era ya por toda la t*i*erra de Córdoua. Et q*ua*ndo Aljcante allegó, saljólo [155r] Almançor a Resçebir, et preguntóle cómo le avía ydo. Et díxole: "Señor, cómo ello fue o non, por ocho cabeças q*ue* traygo, dexé allá tres rreyes & q*uj*nse mjll moros. Et si vn poco nos afloxáramos, non oviera qujén vos traer la enbaxada." Et ¹²contó el rrey a Almançor de la crueldat de Rruy Vasq*ue*s, et de cómo en su no*n*bre, & de todos los rreyes moros, lo mandara desafiar. Et oyó Almançor el tan grand planto ¹³como por la çibdat sse fasía por los muertos de la batalla, moradores de Córdoua. Et tan grant ovo el dolor ¹⁴que [por] manera de conorte, mandó traer ante sí aq*ue*llas ocho cabeças.

Et mandó q*ue* desferrasen luego al cuytado de Gonçalo Gustines, ¹⁵& lo traxesen allj. Et desq*ue* todo fue así fecho, & Gonçalo Gustines vido aq*ue*llas cabeças todas allj sobre vna manta puestas, preguntóle Almançor si conosçía ¹⁶aquellas cabeças, porq*ue* le avía[n] dicho q*ue* eran ¹⁷de om*n*es de su ljnaje, las q*ua*les aujan ganado sus moros en el canpo de Palomas.

Et rrespondió Gonçalo Gustines disiendo así: "Señor, bien paresçen ellas cabeças de castellanos, et desq*ue* las yo bien viese, yo vos diré sy son de Castilla o de la fos de Lara, ca en cada vna de aq*ue*stas p*a*rtes tengo yo parientes,

---

⁹ aquende el mar.
¹⁰ muertes.
¹¹ era ya por Córdoua.
¹² como el rrey Almançor oyó de la crueldat (oyó *written above and between* Almançor de).
¹³ que en la çibdat.
¹⁴ que por manera.
¹⁵ & que lo traxiesen.
¹⁶ 166r aque/llas.
¹⁷ de su ljnaje.

& bien podrá ser que sean de mj ljnaje." Et tomólas Gonçalo Gustines vna por vna, et começólas de aljnpiar de la sangre & lodo q*ue* sobre sí trayan. Et así como las ovo [18]ljnpias, el triste viejo conosçió q*ue* todas eran de sus fijos. Et luego, syn más dilaçión, súpitamente saljó de su seso & sentido, et tan grand fue la rrauja q*ue* le tomó q*ue* se arremetió a vna espada q*ue* vido colgada en vna pared, et qujsiera [19][se] luego con ella matar. Et porq*ue* vn moro gelo estoruó, matólo luego con ella. Et mató asimjsmo otras quatro presonas q*ue* delante de sy falló. Et avn así fisiera al rrey, ssy lo alcançar pudiera. Et con aq*ue*sta rrauja saljó a la calle et mató otros tres [20]om*n*es, et q*ue* non torrnara tan ayna [21]sy no*n* por la rrauja de ver las cabeças de los fijos non fuera.

Et quando [155v] el viejo torrnó onde las cabeças eran, Almançor y el rrey ya acogidos a vna cámara, et los otros moros todos puestos en ssaluo. Et dieran pregón por la çibdat que çerrasen todas las puertas de sus casas por aq*ue*l om*n*e raujoso que non les fisiese mal.

Et q*ua*ndo el triste de viejo torrnó a rreconosçer a sus fijos, dexó la espada de la mano, & aljnpió muy bie*n* de la sangre aq*ue*llas ocho cabeças & púsolas todas en orden bien así como nasçieron. Et puso sobre [22]todas aq*ue*lla de Nuño Sabido, & començó de fablar con [23]ella bien así como si biuo fuera, disiendo así: "Desidme vos, Nuño Sabido, ¿qué cuenta me daréys agora de los mjs fijos q*ue* criastes desde [24]cheq*uj*tos et vos yo dexé rrecomendados? Et ¿qué se fisieron v*ue*stros saberes que en la ora del menester vos non valjeron? Et desidme vos, ¿qué se fiso v*ue*stro catar en agüeros? [25]O ¿qué vos valjó en aq*ue*sta entrada? Mas, ¿qué digo yo? mesq*uj*no triste de mj. Et sy vos ellos non escucharo*n* njn preçiaro*n* v*ue*stro mandado & dotrina, non

---

[18] linpiado.
[19] Both MSS have ser here, but in Sa. the r is crossed out.
[20] onbres.
[21] sy non fuera por la rrauja de ver las cabeças de sus fijos.
[22] todas aquellas la de Nuño, la *above and between* aquellas de.
[23] ella, ansy.
[24] chiquitos.
[25] 166v.

oujstes vos culpa njnguna. Et ¿por qué porrné yo el [26]rrepto a vos & la trayçión que Rrodrigo fiso?"

Et así disiendo [27]aquesto, començó muy tristemente a llorar de todos ojos a sus fijos, vno por vno, así como nasçieron. Et primeramente aljnpia cada cabeça & besáuala por todas partes, et después rrecontaua de las sus bondades & noblesas que en cada vno auja de aquel cuya la cabeça era. Et a cada rrasón la torrnaua a besar. Et tanto de dolor fiso, & tan fuertemente mesó su cabeça & sus baruas fasta que se amorteçió & cayó de la otra parte que se non podía meçer.

Et Almançor con el su rrey Aljcante que eran en aquella cámara & todo oyan & veyan, non se podían tener que non llorasen muy de rresio con aquellas tristesas & dolores que aquel triste de viejo fasía & desía. Et mandó luego Almançor que tyrasen de aj aquella espada & que njnguno le fisiese mal. Et mandóle otrosí [28]qujtar delante aquellas cabeças de sus fijos fasta tanto que [156r] Recordase & torrnase en ssí. Et mandóle, así amorteçido como estaua, meter en vn palaçio.

Capítulo ccvj. De los rremedios que Almançor fiso a Gonçalo Gustines por las sus pasiones, et cómo le envió a su tierra con las cabeças de sus fijos.

Después que Almançor sintió que sería ya rrecordado, mandó el rrey llamar vna donsella su hermana que y era, et mandóle que entrase con él en aquel palaçio & estoujese y tanto fasta que lo consolase lo mejor que pudiese. Et comoqujer que se ella Reçeló, pero al fin ovo de entrar dentro con él a le conortar lo mejor que pudo. Et tantas cosas le dixo & tan discretamente se ouo, quel viejo tomó en sí asás conorte. Pero quando [1]ya fue bien entrado en su sentido, començaron sus lágrimas a venjr con más rreposo, et lloró

---

[26] rrecto.
[27] esto.
[28] quitar aquellas cabeças.

[1] fue ya.

el viejo triste a sus fijos con más ²discriçión que de primero. Et como la ³donsella le tomaua de los braços & se le allegaua a la cara & le desía muy dulces palabras, óuolo de sacar de aquel triste sentido, & metiólo en la natural Rasón, & físole entender en cómo todo aqueste mundo era vna suma de vanjdat. Et tanto se le allegaua con él su rrostro & con la boca suya que el viejo ovo de tomar el su amor por conorte del su mal.

Et tanto se amauan que a cabo de días algunos que oujeron anbos de catar manera como vistos non fuesen, et así yogujeron de aquella ves en vno anbos a dos, & de aquella ves sola, que más non ovo con ella que ver, quedó la ynfanta mora preñada. Et quando la donsella conosçió dél estar segura, començóle de falagar, & apegáuale los carrillos con los suyos & començóle de contar vn fingido cuento que le a ella oujera acontesçido, como que así non fuese, saluo por le de todo punto alegrar. Et díxole así: "Si sopiésedes vos, señor, quán grandes fueron mjs males, & quánto tristes & doloridos, vos diríades que njngund dolor ante mj se deuja de llorar."

Et Gonçalo Gustines le rrogó que gelo contase, et la donsella le dixo así: "Señor, yo solja ser casada con un rrey moro açás onrrado, & oujera dél ocho fijos, los más [156v] graçiosos del mundo, & nos, vinjendo de Seujlla, mj marido & mjs fijos & gente para la çibdat de Córdoua, saljeron por vna rranbla muchos almogáuares xpistianos a nos. Et yo me escondiera luego en vna muy grand espesura, & por mjs ⁴mjsmos ojos, vi matar a mj marido, & ⁵vide a todos mjs ⁶fijos degollar ⁷vno por vno, et después, a todas mjs conpañas morir a lançadas, que me non fincó y tan solamente de todos ellos vna sola criatura que me podiese aconpañar. Et esperé allj fasta la noche & ⁸salj de allj sóla & desaventurada, & tal allegué fasta aquj a Córdoua. Et si me non

---

² discreçión.
³ 167r.
⁴ mismo ojos.
⁵ vi.
⁶ ojos fijos (ojos *has been crossed out*).
⁷ vno a vno.
⁸ salí sóla et desaventurada.

conortara de tan grand mal, ya fuera mjll veses muerta. Et en mj muerte no*n* ganara nada," *pe*ro que fiaua en Dios q*ue* ella avría fijos con q*ue* grand plaser oujese.

Et ⁹disiéndole de aq*ue*stas cosas asás, & apegándose cara con cara, óvole de conortar, disiendo q*ue* non era él tan viejo que no*n* podiese av*er* generaçion alguna q*ue* lo vengase de su enemjgo. Et de tales o mejores rrasones la ¹⁰ynfanta le desía q*ue* de grado ovo el viejo de las conçebir & rreseruar sus alterados sospiros.

Et desq*ue* la ynfanta sintió q*ue* Gonçalo Gustines era ya conortado a cabo de algunos días algu*nd* tanto de su mal, fue gelo desir a Almançor. Et luego vinjeron allj a él Almançor et el rrey Aljcante, et Almançor le dixo así: "Conortaduos, Gonçalo Gustines, ca vos yo q*uj*ero faser merçed, & meteré las cabeças de v*uest*ros fijos en vn ataúd honrradamente & darvos he mucha conpaña & ¹¹todo al q*ue* vos menester fisiere, & enbiaros he para v*uest*ra casa." Et Gonçalo Gustines gradeçiógelo mucho. Et a otro día cunpljó con él honrradamente todo q*u*anto le prometiera.

Et q*u*ando Gonçalo Gustines fue de Almançor despedido, fuese a despedir de la ynfanta, & al ti*en*po de la su despedida, la ynfanta le dixo así: "Señor, vos yréys en ora buena para v*uest*ra casa, et sabed que yo q*ue*do ençinta de vos & non sé que faga de mj." Et rrespo*n*dió entonçes Gonçalo Gustines: "Señora, sy vos parierdes fenbra, crialda en grant poridad & honrralda por el mj amor. Et ssy [157r] varón fuere, enbiármelo hedes a mj casa lo más honrradame*n*te q*ue* podredes."

"Et para en esto, vos pido mucha merçed que me dedes vna v*uest*ra señal porque ssea por vos v*uest*ro fijo conosçido & acatado." Et q*u*ando Gonçalo Gustines aquello oyó, considerando la verdat et honestad de la ynfanta, et lo que della se desía, otorgó con ella ser bien aquello q*ue* le desía, et pidióle de merçed q*ue* sy varón fuese, que gelo enbiase a él en todo caso. Et sacó Gonçalo Gustines de su dedo vna

---

⁹ 167v disi/éndole.
¹⁰ ynfante.
¹¹ todo lo al.

sortija, et quebróla por la meytad, et diole la media a la ynfanta, et la otra rretouo en ssy. Et después de todas las otras Regidençias, partióse Gonçalo Gustines para su tierra.

Et quando a su casa allegó, doña Sancha & los suyos saljéronlo a rresçebir, & viéronlo como venja con las cabeças de todos sus fijos & con la de Nuño Sabido en vn ataúd en vn asémjla delante dél. Et oujeron con él muy grand conorte & lloraron allj muy mucho.

Et dixo Gonçalo Gustines a [12]doña Sancha: "Mjrad, señora, ese presente que vos enbía vuestro hermano Rruy Vasques." E quando la triste de la madre abrió el ataúd et vido todas las cabeças de sus fijos, fincó tanto muerta en sí como cada vno dellos, ca la non podían torrnar en sí, & ya non qujsiera Gonçalo Gustines aver allj traydo las cabeças de sus fijos, ca la non podía torrnar al mundo, et cuydaua que del todo fuese muerta, pero quando ya rrecordó, díxole así: "Conortadvos, amjga, pues que me conorto yo. Et conortadvos conmjgo, que biuo vengo para vos."

Et enbiaron luego a la fos de Lara & a Camerón et a Salas et a Castilla & a todas las partes onde avían quedado algunos de su ljnaje para que vinjesen allj en aquellos abtos. Et enbiaron por el conde don Garçi Ferrandes, su señor, & por otras muchas conpañas que vinjesen allj aver su parte de aquel dolor.

Et fue así que como fue sabido por todas partes, non solamente vinjeron los Requeridos, mas todos los otros que y eran folgaron de aver parte de aquel dolor. Et quando todas aquellas nobles conpañas fueron ayuntadas et vieron aquel tan grand dolor, fue allj fecho por los que ay fueron el más grandísimo & dolorido llanto del mundo. Pero el conde, su señor, non qüjdaua de los mucho confortar, pero el traydor de [157v] Rruy Vasques, que estaua por entonçes en las sus fortalezas alçado, que dél emjenda non podían aver. Et aconsejó el conde a toda aquella gente que se guardasen de aquel traydor non les fisiese algund mal.

---

[12] 168r.

E a cabo de todo esto, bolujóse el conde para las Esturias porque el traydor de don Rrodrigo le Robaua [13]la tierra toda. Et non quedaua entonçes en ayuda de Gonçalo Gustines saluo algunos de Salas que le non qujsieron desanparar. E como y quedasen tan pocos & tan pobres, despoblóse toda la tierra et cayansele los sus palaçios & las casas, & de quantas donsellas auja doña Sancha, non le fincó saluo vna collaça que los seruja. Et esto fue así por [14]cabsa que non tenjan qué les dar a comer.

Et don Gonçalo Gustines con la su pobresa & dolor tanto cada día lloraua que se non podía ya tener en los pies, & andaua ya sólo & traspasado con vn palo en la mano de su casa a la iglesia a su mjsa, & de la iglesia a su casa. E dies & ocho años [15]bjujó así con doña Sancha en aquesta tan triste [16]catiuedat.

Capítulo ccvij. De cómo la ynfanta mora descubrió su poridat a Almançor, & de lo que Almançor ende fiso con vn fijo que la ynfanta parió, & de cómo el moço trabajó por saber parte de su padre [1]& cómo lo fue catar.

Ya de suso avéys oydo en cómo Gonçalo Gustines oviera que ver con la ynfanta mora, hermana de Almançor, & de cómo fincara preñada dél, & de la señal que le dello diera. Et fue así que después de Gonçalo Gustines partido para Castilla, la ynfanta mora, cuydando en cómo quedase así preñada, & como non era cosa que se le pudiese así encubrir, acordó de lo descubrir a su hermano Almançor. Et fuelo fablar con él en muy grand poridat & con muy grandísimo themor que la mandase matar.

E quando Almançor lo sopo della, ovo muy grandísimo plaser, disiendo así: "Yo vos juro por el nuestro Dios, hermana, que non ha cosa en el mundo de que más plaser ouje-

---

[13] toda la tierra.
[14] causa.
[15] biujó ansy don Gonçalo Gustines & doña Sancha.
[16] catividad.

[1] & como lo fue catar *is missing in Sa.* Folio 168 also begins at this point.

ra," porque fincase en su casa generaçión de tan nobles onbres, et que le pedía & [158r] Rogaua que lo guardase mucho bien fasta el día que lo pariese. Et aquesto desía Almançor porque non avía fijos, & entendía de faser generaçión & ²alcuña & nonbre de aquello ³que ella pariese.

Et quando llegó el tienpo de su parto, fu y presente Almançor con muchas de sus dueñas & caualleros. Et sy muy alegre estaua con aquella criatura, ⁴ muy mucho más alegre fue desque vio que parió fijo varón, & desque fue alunbrada del parto, mandó Almançor venjr allj las mejores amas que auja en toda Córdoua. Et mandóle entre todas escoger la muger de la mejor leche. Et quando llegó el tienpo de los ocho días, fabló Almançor a su hermana sy çircunçidarían & porrnían nonbre de moro. Et la ynfanta le dixo & pidió por merçed que de aquello non curase, pero por ende, Almançor non dexó de le faser muy grand & onrrada fiesta en aquel día, & pusiéronle por nonbre al niño don Mudarra Gonçales. Et como Almançor non avía fijos, procuraua mucho por él, & dáuale Dios tan grand graçia & virtud que tanto criaua él en un mes como otra criatura en tres.

Et quando ya llegó el moçuelo a çinco años, tan grande era el amor que le Almançor tenja que le ouo de porfijar. Et porfijáronlo amos a dos, él & su muger, e mandó a todos los suyos, grandes & pequeños, así sus rreyes vasallos como caualleros & todas las otras gentes, que lo jurasen por rrey & señor suyo para en fin de los sus días. E así porfijado, desde aquella ora en adelante, nunca Almançor ⁵lo partya de çerca de ssy. E todos ⁶quantos de ante avían visto al ynfante don Gonçalo Gonçales, su hermano, non desían que era saluo él mjsmo, venido así por ⁷Spírito Santo, tan ⁸grandemente le paresçía. E bien así como le paresçía en la forma

---

² aliñaua el nonbre.
³ que pariese.
⁴ mucho más.
⁵ lo partía de sy.
⁶ quantos avían visto.
⁷ Espírito.
⁸ 169r grande/mente.

de su cuerpo, non era menos en las virtudes & osadía de coraçón.

Desque fue creçiendo, aprendía muy bien todos los juegos, & era grand caçador de toda rralea & era muy franco de voluntad. E como fue más creçiendo, aprendió muy bien a ⁹bohordar & lançar lança, ca se leuantaua de muy grand fuerça, & non avía en la tierra njn corte de Almançor qujén lo tan bien fisiesse como él, njn se fallaua omne de tan grand esfuerço & osadía. E [158v] Almançor partía muy bien con él de sus averes.

Et avino assí que vn día allegó a la casa de Almançor vn rrey moro de Segura, su vasallo. E a otro día don Mudarra Gonçales conbidólo para jugar a las tablas, & jugauan anbos, & enbidauan & rrebidauan el juego de gujsa que yua en él mucha contía. E ganó don Mudarra Gonçales, & todo aquello que ganó, Repartiólo luego por los que mjrauan.

E quando el rrey moro vido aquello, maraujllóse muy mucho dél, & díxole: "¿Qué faséys vos, don Mudarra? Bueno seríades vos para tener qué dar." E Respondió el moço, tan bueno sería como él tenjendo & non tenjendo. E rrespondióle el moro: "Vos, don moço, non fabléys tanto fasta que sepáys sy avéys padre alguno, & avn faríades bien de yr catar a vuestro padre, porque sopiésedes cúyo fijo érades, & luego sabríades con qujén vos aujades de ygualar."

E quando aquello el moço oyó, Respondióle asy: "A mj me paresçe que desís verdat & que queréys leuar alguna cosa así como todos ¹⁰estos otros. E yo non tengo dineros que vos dar, mas en tanto que vo buscar a mj padre, darvos he yo todo aquesto que aquj queda." E arrebató el tablero por las cuerdas de las bolsas & diole con él ¹¹por ençima de la cabeça de tal gujsa que gela quebrantó por tres o quatro partes. E la sangre que corría finchóle toda la cara & las manos & los vestidos, & cayó el rrey luego en el suelo atordido, que parte de sí non sopo.

---

⁹ bhordar.
¹⁰ estotros.
¹¹ ençima.

Et los vasallos de aquel Rey que y eran con él echaron mano a las espadas para lo matar. E quando el moço vido que por allj non avía cosa con qué se defender, lançóse por vna cámara onde vido estar vna espada, e quando salja con ella más brauo que vn león con voluntad de non dexar allj moro a vida, era ya venjdo allj Almançor, & parósele delante & rrogóle que se bolujese. E el moço estouo quedo & [12]obidiente a su mandado.

E Almançor començó mucho de maldesir & rrebtar a los suyos que y eran, disiendo que pues los otros ayudauan a su rrey, que ¿por qué non ayudauan ellos a su sobrino? et que se toujesen por dicho dende en adelante de faser tanto [13]por [159r] por él como por fijo legítimo de su señor, ca non faría menos él cada que menester le fisiere, saluo ayudarlo a morir delante dél con vna espada en la mano, así como por su mjsmo fijo. Et torrnó Almançor a rrogar a don Mudarra Gonçales que se fuese para su posada. E don Mudarra así lo fiso. Pero desde aquella ora en adelante, syenpre don Mudarra Gonçales, por saber cúyo fijo era, traya el sentido turbado en aquellas palabras quel rrey de Segura le dixiera que fuese catar su padre.

E bien así por aquélla como por otras muchas semejantes palabras que muchas veses de tal gujsa le rrugían por los oydos, fue muy mucho ayradamente catar su madre onde era. E como fueron anbos solos, començóle [14]de de desir en quanto denuesto [15]biuja por causa della, & cómo ya sofrir non podía su tan grand desonor, jurándole a Dios que si luego le non dixiese qujén era su padre, que con su espada la matase. Et quando lo así tan ayrado & fuera de sy vido su madre, Respondióle luego, disiendo: "Fijo mjo, vos padre avéys & muy honrrado, y el mejor varón de su presona que es en todas las Españas, el nonbre del qual se dise Gonçalo Gustines, natural de la villa de Salas, & si la vía saber queréys que y cómo la fortuna causó ser padre vuestro, sabed, fijo, que estando este vuestro padre preso en las

---

[12] 169v obidi/ente.
[13] por él.
[14] de desir.
[15] bebja.

cárçeles de v*ues*tro tío, Almançor, por el [16]maljgno engaño de su cuñado, Rodrigo de Lara, le traxeron siete cabeças cortadas de los cuerpos de los siete ynfantes, sus fijos, q*ue* auja."

Et así, por y adelante, la ynfanta, su madre, hermana de Almançor, le contó toda la estoria segu*n*d q*ue* de suso va, por lo qual el ynfante Mudarra Gonçales sopo de toda la fasienda del traydor de don Rrodrigo. Et después de aq*ue*ste abto asy entrellos pasado, la ynfanta juró a su fijo por su Dios q*ue* ant*es* njn después de aquella ves q*ue* lo conçibió, nu*n*ca varón conosçiera.

Et q*u*ando aq*u*esto el ynfante oyó, gradeçió mucho a Dios la merçed q*ue* le fisiera en ser fijo de tan buen padre, & rrogó mucho a su madre que le çertificase de aq*ue*l caso lo más q*ue* podiese. Et la ynfanta, q*ue* aquel [17]deseo deseaua conpljr, le dixo así: "Fijo, sabed q*ue* al t*ie*npo q*ue* v*ues*tro [159v] [18]padre se desta t*ie*rra partió, me dexó, por señal de buen debdo & amjstad, de vna sortija de oro que en su mano traya, la meytad q*ue* aq*uj* tengo. [19]Sy fijo pariese & le yr buscar qujsiese, q*ue* la leuase co*n*sygo por se dél çertificar. Et si vos, mj noble fijo, así q*uj*sierdes faser, ved aquj su mjsma enpresa. Leuadla por onde fuerdes para vos çertificar. E por ella seredes vos de v*ues*tro verdadero padre conosçido."

Et don Mudarra Gonçales gradeçió mucho a la ynfanta todo aq*ue*l su buen deuer. E con mucho amor se despidiendo della, se fue para onde estaua Almançor, su tyo, et besándole muchas beses las manos por q*u*anto bien le fisiera, le dixo así: "Muy virtuoso et muy grand rrey, mj señor, muchas graçias a Dios y a vos por q*u*antos bienes & merçedes fasta aq*uj* me avedes fecho. Pero, señor tyo, los v*ues*tros moros muy fiera & vilmente muchas beses me [20]denuestan disiéndome q*ue* non he padre en el mu*n*do. Et agora que

---

[16] malino.
[17] 170r.
[18] padre desta tierra se partió.
[19] & sy fijo pariese.
[20] demuestran (*the* r *has been crosed out*).

yo he sabido que lo he, q*u*jérolo [21]yr luego catar. E [22]si lo fallare tan onrrado & tan bueno como deua & rreq*u*jera v*ues*tra grandesa, torrnarvos he yo a ver a v*ues*tros rreynos. Et si tal non le fallare, nu*n*ca me vos más verés de los v*ues*tros ojos en v*ues*tro palaçio."

Et q*u*ando el rrey Almançor oyó aq*u*ellas palabras, pesóle mucho de coraçón, et Respondióle así: "Vos, mj mucho amado sobrino, avéys muy honrrado padre, el qual [23]por bondad es así avido & conosçido por las Españas. Et sy de aq*u*esto que vos yo digo, alguno vos [24][contra]dixere, non syento q*u*jen sea q*u*e le yo luego non mande cortar la cabeça por ello. Ca yo non he otro fijo q*u*e mjs Reynos después de mj muerte herede saluo vos, et vos non me faréys agora tan grand pesar en vos yr & me dexar. Et si por alguna cossa lo faséys, yo q*u*jero della faser emjenda."

Et así por muchas vías Almançor a su sobrino rrogando q*u*e por q*u*anto en el mundo avía, por njnguna manera se fuese de sus rreynos. Don Mudarra Gonçales rrespondió q*u*e por njnguna vía deste mu*n*do non fincaría fasta ver do era su padre. E Almançor, desq*u*e su final [160r] voluntad vido, mandóle q*u*e aguardase algunos días porq*u*e lo él entendía a su onrra enbiar. Et don Mudarra non pudo consigo acabar lo que Almançor le [25]desía, por lo qual q*u*ando Almançor aq*u*ello vido, mandóle dar de los mejor*e*s de su casa [26]tresientos caualleros pagados por dies años, et diole otrosí vn grand pedaço de los sus thesoros, & por le más conplaser, diole dados todos q*u*antos catyuos avía xp*is*tianos en los sus Reynos.

E así, lo más breue que pudo, don Mudarra Gonçales se partió de su madre et del rrey Almançor & de todos los otros grandes de su casa. Et así por las t*ie*rras onde yua, folgaro*n* todos los moros [27] de le faser muchos serujçios. E

---

[21] yr catar.
[22] sy lo yo fallare.
[23] por verdat.
[24] contradixiere.
[25] dizía.
[26] 170v.
[27] de le faser seruiçios muchos.

tanto don Mudarra Gonçales andouo por su camjno fasta que allegó a vn lugar que se desía Syluestre, el qual lugar era de aquel traydor, don Rrodrigo de Lara. Et y mandó tomar por sus dineros todo lo que le era de menester. E porque después vn mayordomo del traydor de don Rrodrigo dixo y a algunos de don Mudarra algunas palabras desonestas, mandóle dar muchos palos. Et porque los del pueblo acudieron a ello, mandó luego quemar & destruyr todo el logar, & dí a dos días allegaron a çerca de Salas, et estando así a dos leguas aquende, mandó don Mudarra Gonçales a vn su escudero en qujen se bien confiaua, que leuase muchos de los sus algos, & se fuese adelante para Salas & cunpljese & aderesçase todo aquello que syntiese que le menester fasía. E el escudero así lo fiso como mandado le fue, ca dexó a su señor & tyró su camjno para Salas.

Capítulo ccviij. De cómo doña Sancha, muger de Gonçalo Gustines, contó vn sueño a su marido que aquella noche soñara, & de cómo él gelo ensolujera.

Cuenta agora la estoria que siendo aquel día domjngo por la mañana, cómo doña Sancha, muger de Gonçalo Gustines, despertó en la su cama & començó a contar a su marido vn sueño que aquella noche soñara.[1]

[160v] "Señor, yo & vos éramos agora en vna muy alta syerra, et así estando, alçaua yo mjs ojos fasia la parte de Córdoua & veya por los ayres venjr a vn muy espeçial açor contra nosotros bolando, & tanto se trabajó fasta que me vjno posar en la mano. E quando así estaua, començaua de abrir & leauantar sus alas, las quales tanto grandes & fermosas eran que me paresçía que la sonbra dellas cobría a vos & a mj. E desque se fartaua de estar así, leuantáuase sobre las alas con vn muy alto buelo, & yuase posar sobre la cabeça de aquel traydor de mj [2]hermano, nuestro mortal enemjgo, Ruy Vasques, & picáualo en el onbro tantas beses

---

[1] *In* Ma. *the words* estando alçaua *are written after* soñara, *but are crossed out.*
[2] 171r.

fasta que gelo arrancaua del cuerpo. Et así veya que corrían dél muy grandes arroyos de sangre. Et yo, quando aquello veya, comoqujera muy alegre, & ponja las rrodillas en tierra & non me fartaua de beuer de aquella sangre que dél salja."

Et así, quando doña Sancha ouo su sueño acabado, Gonçalo Gustines, que lo bien apuntaua, dio luego vn muy grand sospiro, & dixo así: "El sueño, señora, que vos soñastes, será, Dios mediante, verdadero, ca de Córdoua verrná alguno de nuestro ljnaje que nos cubra de mucha onrra & anparo & defensión." E Respondió doña Sancha luego, disiendo así: "Plega a Dios de lo conpljr, por su ynfinita bondat."

Et leuantóse luego Gonçalo Gustines por la mañana, & fue, como de vso auja, oyr su mjsa con muy católica deuoçión, & doña Sancha se quedó al rrincón porque non avía manto nyn otro vestido tal con que buenamente paresçiese avn ante los labradores de allj.

Capítulo ccix. De cómo allegó el mensajero de don Mudarra Gonçales a Gonçalo Gustines, su padre, & a su muger, et cómo dél fueron rreparados, & de lo que ende fiso, et de cómo don Mudarra vido en vna iglesia las cabeças de sus hermanos, & de lo que ende fabló çerca del caso antes que a Salas allegase njn viese a su padre.

[161r] Quando ya quería ser ora de terçia, el escudero de don Mudarra Gonçales, que muy grand priesa se dio, allegó a Salas antes que Gonçalo Gustines saljese de la iglesia.

Et cuenta agora la estoria que, después que Gonçalo Gustines vino de tierra de moros para su casa, dos cosas cabsaron de cada día la destruyçión de sus gentes & de su fasienda & casa & salud: la primera, ¹el grand dolor & quebranto de la pérdida; et la segunda, el grand themor que del acreçentado poderío de su enemjgo tenja. Et así eran de todos bienes menguados, que non es cosa para escreujr.

Asy que entrando por el logar, quando aquel pueblo tan desbaratado & despoblado vido, quedó mucho maraujllado,

---

¹ en el grand.

et, non fallando a quién preguntar por la posada de Gonçalo Gustines, se fue cara vnas paredes altas de vn viejo, caydo & desbaratado palaçio que y era, onde, dando muy altas boses, entró preguntando por él. Et como njnguno le rrespondía, entróse este escudero por vna muy grand sala toda cayda, & vido estar a vn rrincón della vna muger vieja, pobre & muy desnuda & flaca, ²a la qual preguntó disiendo si sabía onde era Gonçalo Gustines & su muger, doña Sancha.

Et doña Sancha, quando lo vido asy preguntar, cuydando que era suyo de aquel traydor, don Rrodrigo, començó de llorar, disiendo: "Amjgo, ¿qué vos plase a vos de Gonçalo Gustines, que avn es en la mjsa, et de mj, la triste de doña Sancha, su muger, que plogujese a Dios que ya en el mundo non fuese?"

E quando el escudero así la vio muy flaca & dibilitada & desnuda, Rebuelta en vna vieja rremendada saya de duelo, syn otra alguna cobertura njn abrigo, non la pudo más fablar, ca se le arrasaron los ojos de agua & se le enduresçieron todos los labios de la boca. E deçendió muy de priesa de su mula, e començó de abrir la maleta que leuaua, & sacó della muy Ricos paños bien tajados que y traya. Et fuelos dar a doña Sancha, & con muy grand homjlldat & rreuerençia le dixo: "Señora, yo vos do aquestos paños en nonbre de ³Gonçalo Bermudes, ⁴mj [161v] mj señor. Et vos, señora, los tomad en nonbre de buena estrena, ca oy en este día avéys aquj vn buen huésped que viene para vos. Et estad mucho alegre & mucho esforçada, ca de çierto vos digo que oy en aqueste día comerá con vos mj señor, don Mudarra Gonçales, sobrino del rrey Almançor & fijo de la su hermana, la ynfanta."

E quando aquello doña Sancha oyó, quedó mucho maraujllada, & mandó luego llamar a don Gonçalo Gustines que non estaua mucho rreposado después de aquel sueño de doña Sancha, quando ⁵vido que lo ella mandaua llamar, et

---
² 171v.
³ Mudarra Gonçales.
⁴ mi señor.
⁵ vido aquello que ella le mandaua llamar.

porque la mjsa ya decljnaua en el fin, leuantóse muy de priesa, & aconpañado de algunos de aquellos buenos onbres, sus collaços, como de costunbre auja, se vino para su casa onde, quando el escudero lo vido venjr, fuese luego para él et besóle las manos, et después de su deujda rreuerençia, díxole: "Señor, folgad, & tomad mucho plaser, que buen huésped vos viene, ca oy comerá con vos a vuestra mesa don Mudarra Gonçales, mj señor, sobrino del rrey Almançor & fijo de la ynfanta, su hermana. Por ende, señor, mandad ayuntar este conçejo, & que aparejen viandas açás para él & para sus gentes. Ca, Dios loado, aquj traygo mucho oro & plata para las luego pagar."

Et quando don Gonçalo Gustines aquello oyó, fue mucho alegre de lo saber, et rrespondió al escudero, disiendo: "Venga mucho en ora buena vuestro señor, don Mudarra Gonçales, que aquj ⁶lo ⁷serujrán todos a su plaser en esta villa de Salas, & farán avn todo quanto él mandare." Et así estando el buen viejo de Gonçalo Gustines fablando, non pudo sus lágrimas encobrir, et apartóse a llorar a vn logar onde sentido non fuese, & así llorando entre sy, començó a desir: "¡O, mesqujno desaventurado de mj, que non deujera ser nasçido! [162r] Et agora doña Sancha sabrá en cómo le fise tuerto, y más, en el tienpo que non deujera. Et non avn dirá que aquello sólo fise, mas que toda mj vida fue así, & tenerme a por mal cauallero & desleal, & desanpararme ha en la mj vejés, dexándome quando me viere con fijo de otra muger en desonor & infamia. Et aquj non ay para mj otro rremedio saluo negar todo quanto en esta parte mj fijo, don Mudarra Gonçales, dixiere."

Et así con aqueste seso, sus lágrimas aljnpiando, se bolujó don Gonçalo Gustines onde la fabla se començara, onde aquel escudero, quando vido a Gonçalo Gustines de sy apartado, començó de abrir sus baúles que y eran, & començó de dar muchos dineros a muchas partes para aquello que le era nesçesario, & tenja sacados dos pares de muy finos & rricos paños que para él traya. Et fuelos dar a don Gonçalo

---

⁶ lo servirán mucho a su plazer.
⁷ 172r ser/virán.

Gustines, besándole muy muchas de veses las manos, & disiéndole con muy grandes & homjldes Ruegos q*ue* le plogujese de los tomar de don Mudarra Gonçales, su señor, & don Gonçalo Gustines, por no*n* más ser del escudero aq*ue*xado, tomó aq*ue*llos paños & vistióselos de muy leda voluntad, dando por ello a Dios & a don Mudarra muchos loores e graçias.

E así en aq*ue*sto pasando t*ie*npo, fue toda la comjda de todas las gentes bien aparejada e dispuesta, tanto q*ue* quando el escudero así los ouo conplido & acabado, se bolujó para su señor, don Mudarra, & fallólo en vn muy espeso xaral, corriendo monte a su plaser.

E q*ua*ndo don Mudarra vio venjr al escudero, corrió cont*r*a él & preguntóle por nueuas de la fasienda de su padre, & el escudero le rrespondió: "Señor, ¿por q*ué* me ⁸pregun[ta]des lo q*ue* muy çedo podéys ver? Et vos avéys muy honrrado padre, & bien tal q*ue* lo denota su presençia, ca non rrepresenta menos de ser el más noble om*n*e de las Españas." Et q*ua*ndo don Mudarra acabó de oyr su mensaje, dexó de segujr el monte que [162v] ⁹siguja, & fuese para Salas.

E así yendo su camjno, vido estar vna igl*e*sia por meytad de la carrera onde algunos xp*ist*ianos ¹⁰entrauan & saljan a faser oraçión. Et ouo talante de entrar por ver la manera q*ue* los xp*ist*ianos tenjan en su t*ie*rra de contenplar. E q*ua*ndo dentro fue, tomóle voluntad de se encome*n*dar a Dios así de rrodillas como los otros fasía*n*. E fiso allj su oraçión muy deuotamente. E q*ua*ndo ouo dicha su oraçión, leuantóse en pie & començó de mjrar por la igl*e*sia, & tanto mjró por ella q*ue* ouo de ver aq*ue*llas siete cabeças de todos los ynfantes, sus hermanos, q*ue* allj eran, & así como las vio, entendió q*ue* aq*ue*llas deujeran de ser de sus her*ma*nos ¹¹segu*n*d segund q*ue* la ynfanta, su madre, le oujera ya dicho. E començó de se yr contra ellas, et con muy mansillosas & tristes lágrimas q*ue* detener non podía, començó a desir a

---

⁸ preguntades.
⁹ seguía.
¹⁰ 172v en/tran.
¹¹ segund que.

Dios: "Mj Señor, digo mj verdat que mj vida poco será sy yo aquestas cabeças de mjs hermanos non vengo a mj voluntad," & saljóse dí llorando, & fue su viaje fasta que allegó a Salas.

    Capítulo ccx. De cómo don Mudarra Gonçales llegó a Salas, & de la humjldat que fiso a su padre quando le vido, & de las palabras que entrellos pasaron.

[1]E quando don Mudarra Gonçales fue dentro en la villa de Salas & vio al buen viejo de Gonçalo Gustines, descaualgó con todos los suyos & fuéronle besar las manos. Et después, se fue así con todos & besaron otrosí las manos a doña Sancha, su muger. E como este abto fue pasado, vinjeron todos los moradores de Salas & besaron las manos de don Mudarra Gonçales, & obedesçieron allj como a su señor.

    E desque todo acabado, tyró don Mudarra el manto de sobre de sí & fiso asentar a don Gonçalo Gustines & a doña Sancha. Et asentóse él a sus pies dellos. Et doña Sancha tomólo por la mano & qujsiéralo asentar a par de sy, porfiando mucho con él, & nunca lo pudo con él acabar, disiendo don [163r] Mudarra: "A vos, señora, grandes merçedes, ca yo nunca seré çerca de vos fasta que sea cauallero." E así en estas rrasones estando, doña Sancha lo mjraua en el rrostro mucho en fito, & tanto de cada ora más se maraujllaua de lo mjrar en que le más semejaua en todas las figuras de su cara & propoçión de su cuerpo a su fijo, el menor, que se desía Gonçalo Gonçales.

    E quando don Gonçalo Gustines vio a doña Sancha estar assí mjrando a don Mudarra Gonçales, dixo a don Mudarra: "Entretanto, señor, que vos adoban de comer, sy vos [2]agora plogujese, querría saber qujén soys & cómo avedes nonbre & dónde venjs, o para dónde avéys camjno."

---

[1] Quando.
[2] 173r.

E don Mudarra, quando aquello oyó, fue en sy muy espantado, ca non pensó saluo que de todo su yntento ³preguntaua aquello don Gonçalo Gustines. Pero en el fyn le rrespondió, disiendo así: "Yo soy sobrino del rrey Almançor de Córdoua, & fijo soy de la ynfanta, su hermana, & vos en ella me ovistes engendrado, & así so yo vuestro fijo syn otra dubda njnguna. Pero si otra cosa vos entendés o sabéys, yo vos rruego que me lo digáys."

E Gonçalo Gustines, quando aquello oyó, presente doña Sancha, ouo en sí muy grand rregistro, et rrespondió contra aquella rrasón disiendo así: "En verdat, vos digo yo que después que con doña Sancha soy cassado, nunca ove que ver con otra muger de quantas Dios crió. E vos, don Mudarra, en quanto fuerdes en Salas, serujrvos an a vuestro plaser, & farán todo lo que vos mandardes, así por sí ⁴mesmos como con todo lo al que toujeren, & non queráys más saber. Et nunca jamás de mj alcançaréys al, njn más de aquesto."

Et como Gonçalo Gustines acabase de fablar así, don Mudarra se començó de alterar muy mucho en sy, & rrespondió disiendo: ⁵"Si me vos, don Gonçalo ⁶Gustines, non avéys a mj por fijo, tanpoco he yo a vos por padre, ca de çierto vos digo vos soys aquel de cuya parte yo menos valgo. Mas déxeme Dios vengar a los ynfantes, vuestros fijos, ⁷pues que [163v] me los ya mj madre dio por hermanos, et Resçibir la xpistiandat para salvaçión de mj ⁸alma, & después vos digo que quanto por el vuestro heredamjento ⁹non me entiendo de dar nada."

---

³ preguntaua aquello Gonçalo Gustines.
⁴ mismos.
⁵ Ansy (An *has been crossed out*).
⁶ Gostines.
⁷ pues que los me ya mi madre.
⁸ ánima.
⁹ non me do nada.

Capítulo ccxj. De cómo doña Sancha adobaua entre Gonçalo Gustines e su fijo quanto podía, e cómo Gonçalo Gustines pedía a su fijo las señas que traya, & del mjlagro que y contesçió, e cómo fiso saber a los otros onbres de Castilla la venjda de su fijo, & cómo lo vinjeron a ver muy alegremente todos.

Como doña Sancha fasta aquj non se ¹trabajaua saluo en mjrar las façiones de la cara de don Mudarra, por ellas rrecordaua a su fijo, Gonçalo Gonçales, non entendía en al; pero quanto en aquellos modos vido las Rasones allegar, començó de fablar con Gonçalo Gustines, disiendo así: "O, señor, sy vos ora viésedes tan bien de los ojos como ver soljades, & mjrásedes en el rrostro & cabeça & cuerpo todo de aqueste mançebo, & cómo paresçe todo a Gonçalo Gonçales, vuestro fijo, non estaríades agora en tales ditajas. Et vos, ²mj ³señor, Gonçalo Gustines, non errastes cosa alguna de lo faser, ca qujén preso es en ageno poder no puede ley mantener derechamente, pues síguese que qujén por prisión es ljbre, más ⁴lo será por ⁵catiuedat, que de nesçesario la fanbre & ⁶frío o otra qualqujer lasería lo fuerçe. E vos, Gonçalo Gustines, por vergüença mja, non negéys a vuestra sangre, ca pecaríades mortalmente, e a mj, muy grand pesar y enojo faríades. E plogujese a Dios que de tales pecados como aqueste ⁷toujésedes agora fechos siete para mjs siete mansillas conponer."

E quando doña Sancha fiso fin en aquesta fabla, Gonçalo Gustines departió entrellos toda la verdat. E al fin de toda su rrasón, dixo así: "Pero agora yo qujero ver si vos, don Mudarra Gonçales, soys fijo de aquella ynfanta. ⁸Vos mostra-

---

¹ trabajaua nada saluo.
² mj señor, non herrastes.
³ 173v se/ñor.
⁴ le será.
⁵ catiujdat.
⁶ frío otra.
⁷ tuujésedes agora fecho.
⁸ Vos mostraréys señales & me darés razón dello para...

réys rrasón dello & me daréys las verdaderas señales para que syn dubda lo crea."

E don Mudarra Gonçales, que de aquellas contenençias non ⁹se mucho pagaua, Respondió a [164r] su padre, disiendo así: "Yo, Gonçalo Gustines, sseñor, non he Rasón de vos dar grado por aquello que la natura ordenó, mas vedes aquj esta media sortija de oro que la ynfanta mj madre para vos me dio & me mandó traer, la qual vos le distes en la ora que partystes de Córdoua, sabiendo de çierto que por vos & por ella quedaua yo engendrado."

Et quando ¹⁰aquello Gonçalo Gustines oyó, fue mucho alegre, et tomó la media sortija de la mano de don Mudarra, su fijo, & miróla & conosçió muy bien ser de aquella mjsma quél a la ynfanta diera. Pero por se más çertificar, sacó luego la otra media sortija de oro que en su poder fincara, et fue por las conçertar vna con otra. Et fue y tal mjraglo de Dios que acabado de juntar las dos medias sortijas, luego fue por sy soldado como ante era que njnguna presona fue ally poderosa de las torrnar a apartar.

Et así quando Gonçalo Gustines lo vido, estouo muy espantado. Et dando por ello a Dios muchos loores, & besando aquella sortija con la boca y con los ojos, plogo a Dios que se le qujtó el mal & çeguedad que en los ojos auja del llorar de los sus fijos. Et vido luego tan bien como quando era mançebo. Et leuantóse luego en pie, & dando muchas graçias a Dios, fuese a abraçar a su fijo, don Mudarra, & de nueuo ¹¹començó con él a llorar & rrecontar de toda su fasienda & dolor de su coraçón. E en quantas veses lo mentaua, nunca por otro nonbre lo pudo llamar saluo por el de Gonçalo Gonçales, su fijo menor, quél mucho amaua, disiéndole: "Fijo mjo mucho amado, et pues vos avéys la mjsma semejança de vuestro hermano y amado fijo mjo, don Gonçalo Gonçales, nunca ¹²otramente vos llamaré."

---

⁹ se pagaua.
¹⁰ aquello Gonçalo Gustines aquello oyó (*the first* aquello *is crossed out*).
¹¹ començó a llorar con él.
¹² 174r otra/mente.

E después de aquestas y otras muchas Rasones entre ellos pasadas, acordaron de enviar por el conde don Garçi Ferrandes & por algunos de los otros grandes omnes de las tierras de Castilla & a todos faser saber de la venjda de aquel fijo de Gonçalo Gustines.

E el conde don Garçi Ferrandes tanto que las letras ouo, & por ellas entendió la dispusiçión tan buena de don Mudarra Gonçales [164v] [13][e] ouo muy syngular plaser, et mandó luego sus [14]cartas a los grandes de su condado de Castilla que se allegasen todos en Burgos, & que ende lo fallarían a él. Así que como todos ovieron rrecabdo del conde, su señor, enviaron luego sus cartas a la fos de Lara & a los Cameros & a [15]Pedralada & a todas las otras partes de Castilla onde eran muchos nobles señores que en la tribulaçión de Gonçalo Gustines ovieron asás parte, fasiéndoles saber cómo era venjdo a Gonçalo Gustines vn fijo [16]por el qual bien cuydauan ser vengados de sus pérdidas & males contra el malo de don Rrodrigo.

Et por aquj vinjeron a Burgos muy muchas conpañas de gentes, parientes de aquellos que con los ynfantes murieron en poder de los enemjgos por la trayçión de don Rrodrigo. Et traxeron todos a don Mudarra muy grandes & buenos serujçios.

Capítulo ccxij. De cómo se ayuntaron las tristes conpañas con don Mudarra Gonçales & se partieron para Burgos onde el conde era, & cómo en el camjno destruyó a Baruadillo, et del rresçebimjento quel conde les fiso.

Munchas de las conpañas de gentes se yuan para Burgos por mandamjento del conde don Garçi Ferrandes, & muchas se yuan para Salas, quel tan grand desseo avían de ser vengados [1]del traydor de Rruy Vasques. Así que quando alle-

---

[13] e ouo.
[14] cartas enviar.
[15] Pedrafita.
[16] por qual.

[1] de Rruy Vasques.

gauan a Salas, todos fasían grand Reverençia & serujçio a don Mudarra Gonçales. Et todos así desían: "O nuestro amado señor, Dios vos dé tanta de su graçia que vengança grand nos dedes de aquel tan grand traydor de Rruy Vásquez que vuestros hermanos, et nuestros tanto debdos, fiso matar con tan grand trayçión, por onde se ovieron de perder nuestros ljnajes todos."

Et así de aquestas & de otras muchas gujsas, todos les saludando, Respondió don Mudarra: Bien cuydo que nuestro Señor Dios en esta demanda me formó. Et syn alguna dubda yo en ella espero, Dios mediante, ²despender toda mj [165r] vida, & ante que desta vida parta, alcançar vengança dél." Et dí adelante don Mudarra nunca en al se entremetía, saluo en rreparar ³y enrriqueçer a su padre & a todos los otros caualleros que por aquella parte eran destruydos. E torrnó como de nueuo a edificar & fortaleçer aquellos ⁴palaçios de su padre que eran todos maltratados & caydos & ⁵físolos tan rricos ⁶qual jamás fasta su tienpo nunca fueran.

E en esto fueron ayuntándose las conpañas. E quando ya fue vn grande ayuntamjento de gentes en la villa de Salas, e don Gonçalo Gustines et doña Sancha mucho rricos de los averes que don Mudarra les dio, partiéronse todos para la çibdat de Burgos para el conde don Garçi Ferrandes que días avía que los atendía.

Et don Mudarra Gonçales, como vio la gente moujda, ⁷apartóse de noche con sus tresientos caualleros en muy grand secreto, & fue çercar a Baruadillo, porque era el más ⁸aborrido lugar de su coraçón de todos los otros logares del traydor de Rruy Vasques, et porque en él fue la enemjstad rrebuelta & ⁹la carta de la trayçión de la prisión de su padre & de la muerte de sus hermanos & de los otros, todos sus amjgos, allj escripta.

---

² despender mj vida.
³ & enrriqueçer.
⁴ 174v pa/laçios.
⁵ fízolos rricos tanto.
⁶ que.
⁷ apartóse con sus tresientos caualleros.
⁸ aburrido.
⁹ la carta de la trayçión fecha. E entró luego...

E entró luego al logar, & mató a todos los grandes & pequeños, quantos en él falló. E de quanto bien fallaron, no qujso cosa alguna para ssy, & diolo todo a los de Salas, & mandó quemar toda la villa et derriballa por el suelo.

E a otro día por la mañana fue con don Gonçalo Gustines y doña Sancha, e así todos de buelta fueron su camjno con syngular plaser fasta la çibdat de Burgos onde el conde era. Et quando el conde sopo de su venjda dellos, saljólos a rresçebir muy grand pedaço de la çibdat. Et folgó con don Gonçalo Gustines & con doña Sancha, su muger, et mucho más con don Mudarra Gonçales, ca lo Resçibió allj por amjgo & serujdor & por muy espeçial pariente suyo.

E todos besaron las manos al conde don Garçi [165v] Ferrandes. Et después quel conde acabó la fabla con Gonçalo Gustines & doña Sancha, su muger, apartóse con don Mudarra Gonçales, & començó de mjrar en fito, maraujllándose mucho de cómo semejaua todo a don Gonçalo Gonçales. E començó [10]luego el conde a llorar, disiendo a Gonçalo Gustines en cómo le non podía negar de fijo aquel que tanto semejaua a don Gonçalo Gonçales, et que fiaua en Dios que con él perdería la mansilla de los otros.

Et allegáronse entonçes al conde don Gonçalo Gustines & doña Sancha, su muger, & dixéronle: [11]"Señor, fasednos tanta merçed que vos dolades de nuestro mal e vedes aquj aqueste nuestro fijo, don Mudarra Gonçales, que nos Dios qujso dar en nuestra postremería, como está bien dispuesto al nuestro tan deseado fecho."

E rrespondió el conde allj que fiaua en Dios de lo faser todo como ellos deseauan. Et don Mudarra Gonçales torrnó luego [12]de cabo a besar al conde las manos por aquello que fabló. [13] Et el conde mjrólo otra ves, & quedó mucho espantado, disiendo que le non paresçió saluo que don Gonçalo Gonçales rreçuçitara allj en su cuerpo & [14]rrostro & façiones todas.

---

[10] eluego (*the first* e *has been crossed out*).
[11] Señora (*the* a *has been crossed out*).
[12] como de cabo.
[13] 175r.
[14] rrastro

Et después de otras asás palabras, tomó el conde a doña Sancha por las rriendas, & así entraron todos por la çibdat de Burgos, & fuéronse todos con el conde a su posada.

Capítulo ccxiij. De cómo don Mudarra ¹Requjrió al conde que fuese su padrino de la su cauallería & xpistiandat, & de cómo doña Sancha lo porfijó & le fue mudado el nonbre, & de cómo el conde lo fiso su cauallero & alcalde mayor de Castilla.

E estando así todos Resçibiendo onrra en la posada del conde, fabló don Mudarra Gonçales al conde don Garçi Ferrandes, disiéndole: "Yo, señor, sy la merçed de Dios fuere, qujero mañana ser xpistiano & qujero ser cauallero por la vuestra mano."

Et quando el conde aquesto oyó, plógole mucho, & rrespondió que lo avía en mucha dicha & plaser. Et doña Sancha, que ²aquello le oyó desir, folgó muy mucho dello, & dixo: "Quando mañana vos fuerdes [166r] xpistiano & cauallero, yo vos qujero Resçebir por fijo & ³heredarvos en mjs bienes todos." Et desto todos oujeron muy grand plaser.

Et a otro día por la mañana, fue todo así fecho como de ante prometyeron. Et tomó doña Sancha a don Mudarra por la mano, & metiólo por vna ancha manga de la su camjsa, asimjsmo por el cabeçón, & fuelo sacar por la otra manga. Et abraçólo & besólo en la boca et óuolo por legítimo fijo heredero en todos sus bienes. Et donde primero le desían don Mudarra Gonçales, púsole en la pila nonbre don Gonçalo Gonçales. Et fue luego allj fecho cauallero por la mano del conde don Garçi Ferrandes en la çibdat de Burgos lo más altamente que pudieron. Et fueron allj fechos caualleros con él en aquel dia çiento de los más gentiles onbres que auja.

Et físoles luego allj el conde pagamjento de sus sueldos en todas sus tierras llanas, et esto fue así fecho porque non

---

¹ rrequerió.
² aquello oyó desir.
³ heredare (*final* e *in* heredare *has been crossed out*).

era fortalesa en todo el condado de Castilla que non fuese por entonçes alçada por el traydor de Rruy Vasques & contra el conde don Garçi Ferrandes, de gujsa que nunca el conde pudo dél faser justiçia por aquella tan grand trayçión, perdimjento & mal que fiso.

Et allende de los sueldos que les allj a aquestos pagó fiso ay a todos quantos y auja muy señaladas y grandes merçedes. Et rrepartió entre todos muchas de sus rriquesas. Et fiso el conde allj faser muchas & solepnes fiestas en que se ocuparon [4]muchos días con muy syngulares alegrías & juegos. Et non syn cabsa, ca más avía de veynte años quel grand duelo & luyto de sus males moraua sobrellos syn plaser alguno, por el deseo de lo qual fueron todos tanto alegres.

Et fiso luego allj el conde a don Gonçalo Gonçales, que de ante se desía don Mudarra, alcalde mayor de todas sus tierras, altas & baxas, así como de ante lo tenja el traydor de Rruy Vasques. Et diole más todos los castillos & casas fuertes & llanas & logares & vasallos quél podiese tomar a Rruy Vasques para sy que fuesen suyos ljbres & qujtos para él & para todos sus herederos [166v] para sienpre jamás.

Et mandó por espeçiales pregones & mandados por todas las partes & tierras del su condado de Castilla que todos fisieren su mandamjento & voluntad así como el suyo mjsmo. E don Gonçalo Gonçales besó al conde las manos, disiendo: "Muchas merçedes, señor conde, por la grand abastança de virtudes & noblesas que oy comjgo avéys obrado. Et yo, muy virtuoso señor, trabajarme he quanto pudiere & la vida me alcançare de cobrar todas vuestras fortaleças para vos, cuyas ellas son e fueron, o morir sin dubda alguna en la demanda. Et después avré yo a Dios en merçed quererme vos por el menor serujdor de vuestra casa." Et así de tales & otras maneras los fechos en Burgos pasando, fueron corriendo las nueuas por el condado de todas aquestas cosas fasta los oydos del traydor.

---

[4] 175v.

Capítulo ccxiiij. De cómo don Rrodrigo sopo de toda la fasienda de Gonçalo ¹Gustines, & de cómo don Gonçalo Gonçales se partió contra don Rrodrigo, el traydor, & destruyó a Vrtejo, vna su villa & a Portillo, otra que se desía Vrbel, & de cómo don Rrodrigo fuyó de Anaya por su miedo & dende para otras partes non se asegurando dél, & de cómo don Gonçalo lo ²perseguja.

Oydo avéys cómo el traydor de Rruy Vasques estaua alçado contra el conde con todas sus fortalesas que por él de ante tenja. Et corriendo las nueuas de lo sobredicho por el condado, todo ouo de saber ³aquel traydor de Rruy Vasques, que en la villa de Namaya era con dosientos caualleros. Et comoqujer que las tales nueuas le non sopiesen bien, pero por disimulaçión començó ante todos a desir que por aquello non daua vna paja, e que avn fiaua en Dios quél porrnía la cabeça de aquel torrnadiso a donde las otras de sus hermanos estauan colgadas.

Et las cosas así pasando, fueron por mandamjento ⁴del conde don Garçi Ferrandes todos los suyos de todas sus tierras rrecogidos allj en la çibdat de Burgos onde él era a la sasón, los quales encomendó a Dios & a don Gonçalo Gonçales.

⁵Et assy [167r] con todos los suyos & con estos Gonçalo Gonçales se partió contra el traydor de Rruy Vasques. Et por nueuo & paterrnal amor, & cuydando el buen viejo de Gonçalo Gustines, su padre, non lo qujso dexar yr sólo. Et fuese con él por le consejar en algunos fechos, ca se temja muy mucho del ⁶traydor, su enemjgo, por las grandes partes que en todos los rreynos de los moros alcançaua. Ca por él se qüjdaua de ante de non acabar de destruyr todo el condado segund la grand suma de moros auja a su mandado & amjstad.

---

¹ Gonçales Gustines (Gonçales *crossed out*).
² persiguía.
³ aquel traydor aquel traydor (*the second one has been crossed out*).
⁴ 176r.
⁵ Ansy.
⁶ grand traydor.

Et así don [7]Gonçalo se partió & fuese luego çercar a Urtejo, vna villa muy fuerte, que por el traydor estaua, & tóuola çercada tres días. Et al quarto la entró, et mató a todos quantos en ella estauan, & físola toda portillos, & dí se partió para otra su villa del traydor llamada Vrbel. Et tan grand era la matança, & con tan cruel coraçón que don [8]Gonçalo fasía en los enemjgos que non osauan esperarlo avn en las fortalesas njn fuertes casas quanto más en las llanas.

Et por sí non falló en Vrbel presona alguna quando lo ouo çercado, ca de todos quedaua desanparado, et físolo todo aportillar. Et de todo lo que por él pasaua, luego lo fasía saber al conde su señor.

Et quando Rruy Vasques, el traydor, sopo de las fasiendas de don [9]Gonçalo, & de la buena voluntad que le avía, fabló con todos los suyos, disiendo que le paresçiese bien a que se fuesen luego de allj de Namaya, ca non era bien allj onde podían ser çercados de los enemjgos, onde non podían ser acorridos de moros njn de xpistianos, et que si ellos al qujsiesen faser, que a él convenja en todo caso de se partyr luego de allj & non esperar allj aquel torrnadiso rrenegado. Et así se partyó luego de allj de [10]Anaya con algunos de los que le qujsieron aconpañar.

Et fuese para otra su fortalesa que desían Madune. Et quando allj se vido, non se pagó mucho de tal esperança, & partióse dende con [11]asás gentes que le vinjeron. Et fuese para vna su villa que disen Carraço. Et estando allj en [167v] Carraço, començó de allegar, & allegó asás de las sus conpañas. Pero quando bien cuydó en sy, non se fallando mucho seguro, acordó de se yr a la villa de [12]Castroxerís por la grand fortalesa que en ella era, & partióse luego & non tardó de ser en [13]Castro con todas sus gentes.

---

[7] Gonçalo Gonçales.
[8] Gonçalo Gonçales.
[9] Gonçalo Gonçales.
[10] Namaya.
[11] sus asás.
[12] Castroxerés.
[13] Castroxerés.

Et començó luego de se basteçer baruotear allj dentro en el [14]castillo. Pero quando sopo de la gujsa que don [15]Gonçalo le siguja el rrastro & de cómo por las tierras le venja corriendo las conpañas, non [16]se osó esperar allj, et caualgó el traydor & fuese con todos los suyos para Saldaña, porque allj cuydaua el traydor [17]fallar de los moros & xpistianos que ynçitados avía. Et quando don Gonçalo supo de los sus desdones del traydor, mandó luego a toda la gente que traya de pie que se bolujesen para sus casas. Et asimysmo fiso boluer a muchos de los de cauallo, disiendo que para segujr vn traydor y medroso non eran menester tantas gentes. Ca lo asy nunca poderían alcançar. Et dexó de yr camjno de [18]Castro que fasta allj auja segujdo, & bolujóse para Saldaña.

Et aquesto le ovieron todos a grand bien & [19]discriçión, et quando don Gonçalo fue açerca de Saldaña, sopo cómo el traydor era ya ydo de allj con todas sus gentes para el castillo de Monsón, así que quando lo sopo ovo dello grand pesar, pero fuele de fuerça syn y atender otro acuerdo de segujr en pos él. Et así tan a priesa andando por la rribera de vn rrío que se dise Carrión, topó en rrastro del traydor, su enemjgo, & trabajóse con los suyos muy mucho por lo alcançar en el castillo de Monçón.

Pero como el traydor supiese quán çerca don Gonçalo lo siguja, non se detouo y mucho, ca non se atreuja de lo esperar. Et partióse luego para otra su fortalesa llamada la Torre de Monmojón, & allj rreposó algund tanto. Et quando don Gonçalo allegó a [20]Monçón & sopo la nueua de cómo el traydor era ya partydo de allj para la Torre de Monmojón, abreujó su rreposo de la gente suya lo más que pudo, & sigujó su camjno para allá, cuydándolo allj alcançar. Mas el traydor [168r] que ya el fuyr [21]traya por ofiçio,

---

[14] 176v cas/tillo.
[15] Gonçalo Gonçales.
[16] le osó.
[17] de fallar.
[18] Castroxerís.
[19] descreçión.
[20] Monmojón.
[21] tray.

quando sopo que don Gonçalo era por la vía de la Torre de Monmojón, partióse allj muy prestamente & fuese para vna su villa que desían Dueñas, & allj se rreparó de asás gente de rrefresco, & atendió muchos de aquellos moros & xpistianos que de ante ynqujriera.

Et quando don Gonçalo allegó a la villa de Monmojón & non falló al traydor, ouo muy grand enojo, et sopo cómo era partido de ay para Dueñas. ²²Et sigujó don Gonçalo contra él, pero quando ya don Gonçalo fue açerca de la villa, sopo cómo el traydor era ya partido de allj & auja pasado los rríos de Carrión & Pisuerga, & partióse muy de priesa don Gonçalo de sobre Dueñas, & tanto andouo açerca del traydor de Rruy Vasques que yuan ya por el rrastro de la fuella de sus ²³enemjgos con grande alegría y esperança de los alcançar. Mas quando el traydor lo sintió, fue luego muy presurosamente para la villa de Cabeçón ²⁴con todos quantos con él eran. Et don Gonçalo, que muy presto lo cuydó tomar, ovo de tyrar su vía para Cabeçón en tal manera que non les yuan ya saluo al espuela por aquella rribera de Pisuerga.

Et quando don Gonçalo allegó a Cabeçón, non lo falló y, ca pasó el traydor adelante, ca traya con todos los suyos aqueste estilo: que donde comjan, non çenauan, & donde çenauan, non dormjan, et donde dormjan non comjan. Et avn asás de vegadas rrenegauan de las majadas y descanso por la priesa que les dauan.

Et fuyendo el traydor, atrauesó a Carraço & pasó Esgueua, & fuese aquel día dormjr a rribera de Duero. Et don Gonçalo, sigujéndolo toda ora al espuela en tal gujsa que quando don Gonçalo llegó a la su majada onde aquella noche dormjó, el traydor era ya en Vreña, ca le tenja bien basteçida el traydor como a cosa suya, & todos mucho sus serujdores los que en la villa morauan.

Et durmjó y el traydor la otra noche, & madrugó al primero gallo, & fuese por rribera [168v] arriba de vn rrío que

---

²² Sigujó.
²³ 177r ene/migos.
²⁴ con quantos.

disen Adaja, & como fue amanesçido, yendo el traydor mjrando por la rribera del agua con vn buen açor que en la mano traya, vn poco ante que allegasen a vna villa que desían Espeja, vio estar vna muy syngular garça muy alta sobre las aguas. Et el traydor lançóle de lonje aquel su açor. Et el açor non curó della luego, mas rrodeóla tanto alto que lo ya perdían todos de vista. Et quando njnguno veya ya el açor, cuydó el traydor de lo perder, & por y ouo muy gran malenconja por cabsa de la qual perdió el sentido que traya en el fuyr de don Gonçalo. Et mandó a algunos de los suyos que lo ayudasen a catar aquel açor cada vno por su parte.

Et tanto en la busca se entremetieron & detoujeron que ouo de allegar muy çerca de allj don Gonçalo Gonçales con aquellas gentes que traya, & fue así que en aquella ora eran con el traydor de Rruy Vasques tresientos caualleros, todos bien armados y encaualgados. Et don Gonçalo Gonçales traya fasta mjll caualleros.

Et aquel logar onde aquesto fue, desíase por [25]entonçe Valdespeja, & las atalayas quel traydor tenja sobre los çerros puestas para guarda de sus presonas vieron muy de priesa venjr a don Gonçalo, & fuéronlo a desir a Rruy Vasques, su señor. Et por mucho ayna que fueron açerca tan çedo, llegaron los [26]mensa[je]ros de don Gonçalo de la parte de su señor, disiendo que non diese de sí tan mala cuenta & que le plogujese de lo esperar allj.

Et el traydor ouo su [27]acuerdo, pues que al non podía faser de lo esperar allj. Et porque lo allj esperó, bolujeron el nonbre de aquel logar onde le desían Valdespeja, torrnáronle fasta oy a desir Valdespera.

---

[25] estonçes.
[26] mensajeros.
[27] 177v.

Capítulo ccxv. De cómo don Rrodrigo esperó a don Gonçalo Gonçales para la batalla, et las palabras que le desía, et de cómo [169r] los dos fueron a ferir muy de rresio en la batalla dexando folgar sus gentes, & de cómo fue ferido & preso don Rrodrigo en poder de don Gonçalo Gonçales & leuado para Sylvestre.

Muy ardua & final voluntad traya don Gonçalo Gonçales contra el traydor de Rruy Vasques por lo alcançar & se ver con él, mas non menos medrosamente & fugityua voluntad traya el traydor por se nunca en vno ver. Pero como aquélla es el fin que al sigujmjento de las cosas contrasta, así el alcançar de don Gonçalo Gonçales dio fin al prosegujmjento suyo & fuyr de su enemjgo. Et plogo a Dios que allj en aquel logar, Valdespera, fuese la determinaçión & conclusión de aquella contienda. Et por tanto, quando don Gonçalo Gonçales & los suyos sopieron cómo de todo en todo el traydor lo atendía allj, non [1]podiendo al faser, et cómo todos se aderesçauan para pelear, leuantáronse dos caualleros de don Gonçalo Gonçales & aconsejáronle que luego, ante de todas cosas, rrepartiese aquellos suyos por otros lugares conujnjentes, dellos a los atajos de algunos montes & çarçales que y eran porque por allj el traydor se les non fuese, et los otros a la pelea. Et [2]don Gonçalo Gonçales tóuose de aquello por muy bien aconsejado, et fiso luego yr muchos caualleros en guarda de aquellos pasos. Et aquesto fecho, trabajóse don Gonçalo por lo yr ver & çercar por enderredor porque se le non pudiese yr por parte alguna de aquellas espesuras.

Et como todo fue así fecho, & el traydor de Rruy Vasques vio venjr a su enemjgo contra él, aderesçó en orden [3]muy bien a todos los suyos, et començó a desir: "Amjgos mjos, ya sabéys en cómo & de quánto lo que me conosçéys, yo lo he fecho & fago tan bien con vostoros todos; aquellos que a mj venjstes [169v] a pie, yo fise muy bien encaualgados escuderos; et a los que venistes fechos escuderos, yo

---

[1] podían.
[2] don Gonçales.
[3] muy bien sus hases et ordenó muy bien a todos los suyos; començóles a desir...

vos fise muy abastados caualleros, et a los q*ue* caualleros venjstes a mj, yo vos acresçenté muy bien v*ues*tras honrras y estados y rrentas de aq*u*ello q*ue* yo avía, & asimjsmo fasta la mj fin entendía de faser. Et agora, mjs amjgos, si me aq*uj* non ⁴ayudardes de puro coraçón & voluntad, & yo por ende fuere p*er*dido, ya podréys muy bien entender lo q*ue* de vosotros todos después de mj muerte será. Et agora, mjs leales amjgos, sed bien çiertos q*ue* sy me bien ayudardes & sigujerdes, yo cuydo aq*uj* en aq*ue*ste Valdespera castigar muy bien a ⁵Gonçalujllo, fijo de la rrenegada, ca non entiendo yo en todo el canpo catar otro alguno saluo a él, porq*ue* creo q*ue* si les yo aq*u*él derribare, a todos los otros he vençido, ca njnguno de todos ellos non me osará después en el canpo atender, ca veynte años et más ha q*ue* los trilla mj themor, & non son nada saluo aq*ue*ste q*ue* me non conosçe. Et yo, fasta aq*uj* fuy por v*ues*tro rreçelo de non derramar la v*ues*tra sangre, et agora espero por derramar la suya. Et a la vieja mala de ⁶mj hermana, doña Sancha, yo no*n* me avré por onbre si le non rresiento las sus viejas llagas."

Et don Gonçalo Gonçales adereçó por consigujente a los suyos todos, & fablóles muy sesudamente, confortándoles con Dios & con sus pasadas mansillas. Et a la fin, les rrogó q*ue* les plogujese a todos de estar así q*ue*dos en orden por q*u*anto él q*u*ería yr a se veer con el traydor de su enemjgo, & a le rrogar q*ue* se apartase con él tal por tal, et q*ue* si así lo faser q*uj*siese, que ⁷ellos todos lo sabrían p*r*imero, et de no*n* q*ue* lo sigujesen muy çedo en la pelea por q*u*anto luego entendía de arremeter contra él, disiéndoles que oy en este día sería llegada la vengança de sus hermanos o la su muy grand llaga se faría [170r] muy más mayor.

Et partióse don Gonçalo Gonçales sólo contra el traydor. Et el traydor de Rruy Vasq*ues*, que tenja sus ases prestas & muy bien adereçadas para pelear con él, q*u*ando así vido por la carrera venjr vn sólo cauallero de los otros apartados.

---

⁴ 178r.
⁵ don Gonçalo Gonçales.
⁶ mi hermana de doña Sancha.
⁷ ellos lo sabrían.

Et dixo a todos los suyos: "Agora, estad aq*uj* todos vosotros q*ue*dos como estades, ca yo q*u*iero luego yr ver q*u*ién es aq*ue*l cauallero que se así de los otros todos apartó & osado es de se venjr para mj, & q*u*iero ya ver q*ué* q*u*iere o a q*u*ién viene a buscar."

Et partióse luego el traydor de entre los suyos, & començóse de venjr contra don Gonçalo Gonçales. Et tanto se fuero*n* açercando fasta q*ue* se pusieron anbos en sendos cabeços bie*n* çercanos vno de otro, tanto q*ue* se podían muy bien ver et fabla*r* a su plaser. Et fasíase en la meytad de aq*ue*stos cabeços vn [8]vallesillo pequeño, et luego el traydor de Rruy Vasq*ues* començó la fabla de aq*ue*sta gujsa, disiendo: "¿Qu*j*én soys vos?, desí, cauallero, o ¿a quién queréys?" Et don Gonçalo le rrespondió: "Yo soy don Gonçalo Gonçales, q*ue* de [9]ante me desían don Mudarra, sobrino del rrey Almançor & fijo de la su hermana. Don Gonçalo Gustines me ouo en ella engendrado a serujçio de Dios para vengança Resçebir de vn grand traydor q*ue* entre vosotros es."

Q*ua*ndo Ruy Vasq*ues* aquello oyó, muy lleno de yra Respondió, & dixo: "Si vos soys don Mudarra, ¿qué venjstes aq*uj* [10]buscar?, ca después q*ue* a Lara entrastes, ser deujérades ya farto de q*ua*nto tuerto me avéys fecho & de q*ua*ntas villas & logares a fuego & a sangre me avedes entrado & destruydo. Pero yo agora creo q*ue* a tal logar sodes venjdo onde faredes de todo buen emjenda, & todo por el v*ues*tro cuerpo me pagaredes."

Et q*ua*ndo don Gonçalo Gonçales sopo por aq*ue*llas palabras en cómo aq*ue*l era Ruy Vasq*ues* q*ue* allj estaua, començóle de desir: "O, traydor q*ue* tanto mal en este mu*n*do has fecho, ¿avn tyenes boca con q*ué* fablar? Ora te calla q*ue* en logar [170v] te puso Dios onde alcançen todos tus agraujados justiçia de ty. Et para esto se determjnar & paresçer así por verdat, dexemos a todos n*ues*tras gentes estar en pas, & solamente ent*r*e mj & ty se faga la guerra porq*ue* sea deslindada la verdat & la justiçia de Dios, ca ésta es mj

---

[8] vasillo.
[9] 178v an/te.
[10] a buscar.

voluntad, porque yo traygo tres tanta & más gente que tú, & non creas lo que fuere ser por el poderío de la gente, negando como por tus obras njegas el poderío de Dios."

¹¹Et el traydor, quando aquello oyó, óuolo por bien por quanto traya poca gente, & non avía logar onde se valer que todo non fuese ocupado, et dixo que le plasía. Et rrecudió entonçe don Gonçalo, disiendo: "Pues, ¹²yd luego castigar los de vuestra parte que por cosa que entre nos vean, non se mueuan, ca desa gujsa faré yo a los mjos en tal manera que syn ocupaçión alguna nos estemos a la fasienda."

Et entonçe se partieron de en vno los dos caualleros, cada qual para los suyos, & quando entre los suyos fueron, contáronles todo lo que entrellos pasara. Et quando don Gonçalo Gonçales lo contó a don Gonçalo Gustines, su padre, & a los otros que y eran, pesóles muy mucho de coraçon. Et fabló y don Gonçalo Gustines, disiendo: "Fijo, amjgo, vos non avedes fecho bien, ca vos traedes muchas más & mejores gentes que non él. Et él es omne fecho & de más duras carrnes & de más fuerça, & en la España non ha su par a las armas. Et vuestra tierna hedat non podrá conportar a la vuestra tan buena voluntad & coraçón varonjl. Et así, fijo, non vos pongades vos en esto. Et si todavía lo ¹³querréys segujr, dexaduos a mj con él, que en hedat somos ¹⁴eguales. Et comoqujer quél sea de más fuerça que yo, así yo soy más agraujado por ¹⁵él, onde plaserá a Dios yo vengare en él las mjs mansillas & catiuerio."

Et don Gonçalo Gonçales le pidió por merçed que lo dexase yr, ca non faltaría [171r] la verdat que con él puso, & que njnguna cosa daua por aquellas ¹⁶aventajas onde Dios era por justiçia, et que les pedía por merçed que por cosa njnguna se moujesen fasta ¹⁷entrellos ser la fasienda finjda, ca de otra gujsa non se mostrarían ser qujén eran.

---

¹¹ El traydor.
¹² yd luego, castigad.
¹³ querréys fazer.
¹⁴ yguales.
¹⁵ 179r.
¹⁶ ventajas.
¹⁷ entrellos la fazienda ser fenida, ca...

Así don Gonçalo Gonçales se partió de los suyos todos, & se fue para onde el traydor prometiera de yr. [18]Et quando ya fue allegado, falló y al traydor de Rruy Vasques que lo estaua atendiendo, et abaxáronse los dos al valle & dexáronse yr el vno contra el otro quanto los cauallos los pudieron leuar como aquellos que mortalmente se desamauan, ca non era poco el odio que don Gonçalo Gonçales avía el traydor de Rruy Vasques, njn menos la malquerençia del traydor contra don Gonçalo Gonçales por muchas [19]talas & muertes que en sus tierras le avía fechas.

Et así se encontraron entranbos a dos con las lanças que se falsaron los escudos & las lorigas. Et non plogo a Dios que la lança del traydor aderesçase por las carrnes de don Gonçalo Gonçales, mas junto con la yjada la atrauesó & pasó de la otra parte syn le rronper sólo el cuero, njn faser otro algund mal, et la lança de don Gonçalo Gonçales prendió el traydor por la meytad de los pechos & saljóle de la otra parte por las espaldas, por la qual ferida el traydor de Rruy Vasques dio en tierra vna tan grand cayda que sonó fasta todas las entramas ases. Et don Gonçalo Gonçales torrnó a sacar la lança del cuerpo de aquel traydor [20]pare le otra ves dar con ella.

Et dexólo de faser porque el traydor le començó [21]muy homjlldosamente a rrogar, disiendo: "O, don Gonçalo Gonçales, Ruégote por el amor de Dios que me non fagas más mal, ca me aças abonda ya esto que dado me as. Et rruégote mucho que a los mjos non fagas mal, ca ellos non han culpa, njn les plogo por aquel mal que yo fise."

[171v] Pero quando don Gonçalo Gustines vio desde la hueste al traydor, su enemjgo, caydo por el suelo, vjnose a muy grand priesa para don Gonçalo Gonçales, su fijo, et díxole así: "Ruégovos mucho, fijo, que la non acabedes de matar, njn fagades ya más mal, mas que lo prendades así como está et lo enbíes así bjuo a la vuestra madre, doña

---

[18] Et quando Rruy Vásquez, que lo estaua atendiendo.
[19] tales.
[20] para.
[21] mucho homjldosamente.

Sancha, ca el día que [22]vos a mj casa llegastes, esa noche soñó ella que beuja de la su sangre." Et rrespondió entonçes don Gonçalo: "Par Dios, señor, non es bien que él entre en Salas, mas que lo ljeuen a su casa, et que allj fagan justiçia dél en Syluestre, onde más era de contjno."

Et mandólo luego don Gonçalo Gonçales poner sobre vn asémjla, & mandólo muy bien curar, & leuaron para Syluestre con [23]muy grandes alegrías.

Capítulo ccxvj. De cómo después del perdimjento de don Rrodrigo, sus conpañas se vinjeron a la merçed de don Gonçalo Gonçales, & cómo fueron presos çiertos alcaydes por sus culpas, et los otros gerreros en pas se despidieron, et de cómo las fortalesas fueron dadas & entregadas a los caualleros de don Rrodrigo para ssienpre desterrados.

[1]Qquando los caualleros del traydor de Rruy Vasques vieron vençido & maltratado a su señor, non sopieron al que faser saluo acordaron entre sy de se venjr todos homjlmente a la su merçed de don Gonçalo Gonçales. Et con este acuerdo se vinjeron todos para él. Et [2]saludáronlo, & dixeron: "Señor, la fama de vuestra virtud nos dio oy en este día osadía & coraçón para nos poner en las vuestras manos. Et nos, señor, non avemos culpa njnguna en lo que nuestro señor tyene fecho, ca ssomos caualleros que andamos como los que syrven sus [3]soldadas, & non la ynjustiçia del señor. Et sy qujsierdes que vos syrvamos a vos, faserlo hemos todo de [4]muy leda voluntad."

Et don Gonçalo Gonçales touo a bien el su desir, et [172r] Respondióles que non quería el su serujçio, mas que le diesen a Castro & a Amaya aquellos que lo tenjan, "et quanto a todas las otras heredades que del conde avéys

---

[22] vos venjstes, esa noche...
[23] 179v.
[1] E quando.
[2] saluáronlo.
[3] soldades.
[4] muy buena voluntad.

tomadas, torrnargelas eys luego, & así vosotros yréys en pas a buscar a q*uj*én syruáys."

Et q*ua*ndo los caualleros aq*ue*llo oyeron, a dellos plogo & a dellos non. Pero porq*ue* non acudieron así a la rrasón q*ue* don Gonçalo les dixo, mandó luego allj prender a los alcaydes todos que tenjan las fortalesas del conde, et non los q*uj*so soltar fasta q*ue* todos los altos & fortalesas le fueron ent*r*egadas, & asimjsmo heredades & todas las otras cosas que del t*ien*po de Rruy Vasq*ue*s tenjan ocupadas como no*n* deujan.

Et q*ua*ndo todo aq*ue*sto fue así fecho, don Gonçalo Gonçales, así como alc*ald*e mayor de Castilla, mandó a todos & qualesq*uj*er caualleros & gentes que fueron en ayuda & fauor del traydor de Rruy Vasq*ue*s que se fuesen luego fuera de toda Castilla, ca por el ayuda q*ue* dieron a sus trayçiones, non fallarían en ella de comer. Et así se partieron, & fueron todos desterrados de Castilla para los otros Reynos & t*ie*rras q*ue* les plogo, que non fincó y presona dellos para syenpre jamás.

Capítulo ccxvij. De cómo después de las fasiendas fechas, se partieron don Gonçalo Gustines & don Gonçalo Gonçales para Syluestre y fisieron llamamj*en*to para faser las [1]alegrías del su vençimjento, & de la justiçia que se fiso del traydor de don Rrodrigo.

Después de todas aq*ue*stas cosas, don Gonçalo Gonçales & don Gonçalo Gustines, su padre, con todas las [2]otras sus gentes, se partieron de allj et se boluieron a la villa de Syluestre onde avían enbiado al traydor de Rruy Vasq*ue*s. Et q*ua*ndo a Syluestre fueron allegados, don Gonçalo Gonçales enbió su mensajero a doña Sancha, su madre, en q*ue* le mandaua desir & pedir por merçed que vinjese ella mjsma a onrra*r* aquellas bodas que se esperauan allj faser del traydor de Rruy [172v] Vasq*ue*s, su enemjgo mortal.

---

[1] 180r ale/grías.
[2] otras asás gentes.

Así que quando doña Sancha lo sopo, fue muy fuera de sy con tanto plaser como por ello ouo, & caualgó muy de priesa con muy syngular alegría, & vínose para Syluestre, onde fue muy altamente Resçibida. Et quando ya fue de rreposo, mandó don Gonçalo Gonçales sacar allj a su enemjgo Ruy Vasques. Et quando fue sacado, dixo a doña Sancha: "Vedes, señora, aquj vuestro mortal enemjgo, el traydor de Rruy Vasques. Et vos, señora, que por él ³fuestes tan malamente ferida & lastimada, vos avéys Rasón de mandar faser dél la justiçia que vos plogujere."

Et quando el traydor vio que allj era doña Sancha, su hermana, çerró los ojos, & nunca más los qujso abrir por la non ver. Et católo bien doña Sancha allj onde era, & vio cómo avn non era sano de la su ferida, & cómo le corría la sangre bjua della. Et loó a Dios, disiendo: "Agora es mj sueño suelto." Et fincó los ynojos allj ⁴delante de su enemjgo, & fuele beuer la sangre bjua que corría por las espaldas.

Et quando aquello vido don Gonçalo Gonçales, su fijo, tomóla luego por el braço & físola leauantar, disiendo: "Non qujera Dios, señora, que vna sangre tanto mala & traydora que entre dentro ⁵en cuerpo tan noble & tan leal como el vuestro, ⁶mas que para vos dél vengar otramente, avéys ⁷de mandar faser justiçia dél."

Et doña Sancha fabló a don Gonçalo Gonçales, su fijo, Rogándole que lo mandase él ajustiçiar. Et así de los vnos a los otros, ⁸rremjtiendo aquel judgado, andauan entre sy porque non sabían qué muerte le dar que della tan ayna non muriese, & para sienpre penase. Pero a la fin ouo doña Sancha, su hermana, de ser la que aquel juysio & determinaçión diese sobre aquel traydor de su hermano.

Et mandó luego doña Ssancha faser vn grand tablado para en que lo pusiesen, porque la trayçión & mal fue por

---

³ fustes.
⁴ delante el su.
⁵ en vuestro cuerpo.
⁶ e mas.
⁷ de de mandar.
⁸ rremetiendo.

otro tablado començada. Et mandó que lo atasen allj por medio del cuerpo, et que vinjesen ⁹todos [173r] todos los parientes de aquellos muertos que, con sus ¹⁰fijos, los ynfantes, murieron en aquella trayçión allj donde aquel traydor estaua, et que los mayores lo jugasen a las cañas, et después lo jugasen los pequeños a las piedras, & lo arrastrasen por el suelo. Et fue todo así conplido como doña Sancha mandó, así que aquel traydor quedó por el canpo despedaçado, & lançáuanlo los ¹¹muchachos a los perros. Et lo que dél los perros non qujsieron comer, con los huesos, fasiendo muchas fogeras, lo quemaron & cobriéronlo con las piedras & montones muy altos. Et así fasta oy día, los que por allj pasan, lo apedrean & le oran para la su ánima ynfinitos siglos malos.

Capítulo ccxviij. De cómo la maldita doña Lanbra, con temor de lo tal, se vino a la merçed del conde don Garçi Ferrandes, & de lo que fabló, & de la rrespuesta que el conde le dio a la madita doña Lanbra.

¡O, aleuosa, maldita, enconada, enponçoñada, sobre quantas bjuoras son & fueron para mal faser en este mundo nasçidas! Y ¿qué es de ti, maluada perra dañada y de rraujosa rrauja cabsadora, çima de las tus grandísimas destruyçiones? ¿Por qué no suenas en aqueste rrepique, así como en la tan grande ¹malandança de la malandança de Castilla Repicaste & sonaste?

Y cuenta agora aquj la ²ystoria que quando aquesta maluada fenbra, doña Lanbra, muger de aquel traydor de Rruy Vasques, sopo en cómo todas aquestas sobredichas cosas pasauan, que non ³sopo darse otro Remedio saluo venjir omjlldosamente a se poner y encomendar en la merçed del

---

⁹ todos los parientes.
¹⁰ 180v.
¹¹ mochachos.

¹ malandança de Castilla.
² estoria.
³ supo dar otro.

conde don ⁴Garçi Ferrandes, cuydando que después de sus malas ordiduras, que en él, por ser parienta suya, fallaría cobro & defendimjento alguno.

E con aqueste acuerdo sse vistió toda de muy grand duelo, & los rrabos todos de las sus ⁵vistiduras cortados a rrays, & tal se vino par el conde syn le ⁶faser de sy nada saber, por rreçelo que la non qujsiese ver sy ante gelo mandara desir. E començó de fablar al conde [173v] así de aquesta gujsa: "O, conde, mi señor, sy se vos acuerda a vos en cómo soy yo de la vuestra sangre & fija de la vuestra prima hermana, et sy cuydáys o crees que en todos los males que don Rrodrigo fiso en vuestra Castilla, yo non he culpa njnguna, et pues que todo aquesto sabéys & me vedes así desanparada y perdida, yo vos Ruego, por ⁷sólos Dios, que vos me queráys valer & poner en cobro segund mj estado & nesçesidat."

E quando el conde así de súpito la vido ante sy & le oyó desir tan syn vergüença y tan syn temor aquestas tan mentyrosas palabras, fue de todo punto fuera de sy, que non podía ⁸torrnar en sy, njn avn mjrar, njn fablar contra la tan maldita fenbra. Pero a cabo de pieça, el conde torrnó en sí, disiendo: "O, la enconada cabsa prinçipal de la destruyçión de Castilla, maluada y aleuosa fenbra, muy mayor traydora, matadora & destruydora ⁹que tu marido! ¡Tú mjentes como mala ¹⁰çismadera destruydora, ca tú non eres de mj sangre, njn a Dios plega que tú seas parienta mja, ca si tú de mj sangre fueras, no basteçieras por ty sóla y por tu maluado yngenjo todas quantas trayçiones y males tu traydor marido fiso! Njn te ¹¹alçaras tú njn él con todas mjs fortalesas, de las quales eras fecha ya señora contra todo, Dios & justiçia, & syn vergüença njnguna, njn temor.

---

⁴ Garçi Ferrandes, su señor.
⁵ vestiduras.
⁶ faser de sy nada faser, (*first* faser *has been crossed out*).
⁷ sólo.
⁸ 181r.
⁹ de tu marido.
¹⁰ asmadera.
¹¹ alçarçaras (*first* çar *crossed out*).

Pues agora, maluada muger, así como sopiste ordenar todo q*u*anto mal ordenaste, sey agora tú muger para te saber valer & conponer, ca de mj te çertifico, si non por me no*n* enconar en ty, yo te faría mayormente ajustiçiar que al traydor [12]de tu marido fisieron. E non esperes en mj otro cobro njn fauorança njnguna, saluo que yo te prometo que te encomendaré a don Mudarra para q*ue* faga de ty justiçia, aq*u*ella q*ue* tú meresçes. Et vete [13]luego de delante de mj, & conponte como mejor podrás, ca mj entençió*n* no*n* es al de lo que digo."

Et como el conde le dixiese muchas veses [174r] que se fuese, la maluada non se q*u*ería, njn osaua de allj partyr, ca se rreçelaua de ser luego presa & ajustiçiada. P*e*ro el conde, muy en yra ençendido, la mandó echar de delan*te* de sy, et q*u*ando la maluada aleuosa vido q*u*el conde por fuerça la mandaua tyrar de delante de sy, arremetióse a el muy de Resio, e prendióse de las sus faldas que non la podían dél a fuerça tyrar, dando la aleuosa grandes boses, et disiendo: "¡Valedme, señor, e non me dexéys p*e*rder, que mayor es v*ue*st*r*a noblesa que la mj maldat!"

Et así [14]bradando, el conde por fuerça la mandó echar de fuera del su palaçio, que más della no*n* q*u*jso memoria aver. E ouo y vn cauallero, q*ue* con piedat q*ue* ouo, leuóla luego dí a vna igl*e*s*i*a do se podiese valer, e non fuese presa.

Et como vino la noche, ella sóla se fue a esconder, q*ue* njnguna presona sopo donde estaua, p*er*o el conde luego le mandó desir a Gonçalo Gonçales que la ma*n*dase buscar por toda Castilla, e que fisiese della mayor justiçia que de su marido. Et comoq*u*j*er* que don Gonçalo Gonçales sabía de cómo la aleuosa era [15]escondida en un monesterio, no*n* q*u*jso proçeder contra ella, & desía que non sabía *p*arte della. Esto fasía don Gonçalo Gonçales por amor de aq*u*ella poca sangre que del conde auja. [16]P*e*ro, segu*n*d la coró-

---

[12] fisieron de tu marido.
[13] luego delante de mj.
[14] bramando.
[15] ascondida.
[16] Pero la corónica cuenta.

njca cuenta, después que el conde don Garçi Ferrandes fue muerto, don Gonçalo [17]Gonçales la mandó sacar, estando ya ella bien segura de su mal, & fiso della muy cruel justiçia. Et Dios así la faga en la [18]su maluada alma, en rreynum santum suum et eterrnam, amen.

---

[17] 181v.
[18] su alma maluada.

PART 5

GLOSSARY

The glossary found below was prepared to be a help to the student of Old Spanish. It contains the following types of entries: a) words and expressions that are no longer in the language, b) words that have changed in meaning, c) words that have been maintained by the modern language (sometimes with spelling variations), but which are rare.

Words are given in modern Spanish equivalent, except when an English translation is more useful. Usual Old Spanish forms are given in parentheses.

The only abbreviations are: O. Sp. = Old Spanish and Ptg. = Portuguesism.

abafar [overwhelm]
aborrido aborrecido
acoloñedes mintáis
açor azor [goshawk]
aderesçar aderezar, preparar
adobar preparar
agoras ahora
ajuntan ayuntan
al otra cosa
alborosçar alborozar [rejoice]
alcuña alcurnia [lineage]
alén mar [overseas]
algasises alguasiles
algunas horas a veces
amenguar [disgrace]
amos ambos
anbos a dos ambos
aquende [on this side]
aquén mar ['at home', in this coutry]
asás (= O. Sp. *asaz*) bastante
asémila acémila [pack-mule]
atendía esperaba

avía y había
aviados [equipped]
ayna rápidamente
basteçer construir
bohordar [use a spear]
bradando (Ptg.) bramando [bellowing]
ca porque
cabdal caudal [Golden Eagle]
cámara cuarto
cara frente a
catar mirar, buscar
conçertar juntar
contía [stakes]
contrallos contrarios
converrná convendrá
cortes corte
cudando (O. Sp. *cuydando*) pensando
cunplir ser necesario
curase hiciese caso
cuydar pensar
dellos [some of them]

dende de allí
desque tan pronto como
dis (O. Sp. *diz*) dice
dona (Ptg.) dueña
enasiado (O. Sp. enaziado) [turncoat]
enbidiauan jugaban con dinero
entençión alegación en juicio
ensolver resolver
entranbos ambos
escarrnesçiendo escarneciendo [scoffing, jeering]
fincar hincar, quedar
folgar [take delight]
fos (O. Sp. *foz*) alfoz [a country district]
gelo selo (indirect and direct pronouns)
gerra guerra
guargueros (gargueros) [windpipes]
has haz [division of soldiers]
hueste ejército
leda alegre
lonje (Ptg.) lejos
luyto (Ptg.) luto
judgar juzgar
malenconja melancolía
meatad mitad
metigó mitigó
meytad mitad
mansilla mancilla, herida
Monmojón Mormojón
morador habitante
ora de terçia [9:00 a.m.]
ovo y hubo
palaçio cuarto

plogo gustó
porfijar prohijar [adopt]
poridat secreto
porrné pondré
pos, en en busca de
quiñoneros repartidores del botín
rrazón palabra, razón
rreal ejército
rrebtar culpar
rrecudió volvió
rrepique [ringing]
rrepto culpa
rresguardar ver, mirar
rresio recio
saya falda
so soy, debajo de
sopiesen 'tales nueuas le non sopiesen bien' ['such news did not taste good to him']
subsçedía [inherited]
súpito súbito
suso arriba
tajado [cut]
talante, (ovo) tenía ganas
tan en tanto mientras
tantos por tantos [equally matched]
torrnadiso tornadizo [turncoat]
torrnarse volver(se)
tranpantojos la trampa que se nos hace delante de nuestros ojos
vegada vez
y allí, y
yogo yació
ynojos rodillas

WORKS CONSULTED

Manuscripts

Ma. Biblioteca Nacional (Madrid) MS 7594 (old T-282)
Sa. Biblioteca Universitaria (Salamanca) MS 2585 (formerly of the Biblioteca Real, MS 11-1951-S, old 2-N-5)
Q. Biblioteca Nacional (Madrid) MS 10815 (old Ii-73)

Books

Bénichou, Paul, 'El castigo de Rodrigo de Lara', *Creación poética en el romancero tradicional*, Madrid, Gredos, 1968, pps. 40-60.
Catalán Mennédez Pidal, Diego, *De Alfonso X al conde de Barcelos*, Madrid, Gredos, 1962.
——, *Romancero tradicional*, volume II (Romances de los condes de Castilla y de los Infantes de Lara), Madrid, Gredos, 1963.
Cintra, Luís Felipe Lindley, *Crónica geral de Espanha de 1344*, volumes I and III, Lisboa, Acadêmia Portuguesa da História, 1951 and 1961.
Corominas, Joan, *Diccionario crítico etimológico de la lengua castellana*, four volumes, Berne, 1954.
Covarrubias, Sebastián de, *Tesoro de la lengua castellana o española*, edición de Martín de Riquer, Barcelona, 1943.
Fernández y González, Manuel, *Los siete infantes de Lara* (novela), Madrid, 1869.
Gárate Córdoba, José María, 'Ética y eficacia en el cantar de los Siete Infantes', *Espíritu y milicia en la España medieval*, Madrid, 1967, pps. 83-109.
Martín Mínguez, Bernardino, *Salpicaduras histórico-literarias (Los condes de Castilla y los Infantes de Lara)*, Madrid, Hijos de Reus, 1915.
Menéndez Pidal, Ramón, *Cantar de Mio Cid*, three volumes, Madrid, Espasa-Calpe, 1964.
——, *Crónicas generales de España, Catálogo de la Real Biblioteca*, 1918.
——, *Los godos y la epopeya española*, Colección Austral No. 1275, Madrid, Espasa-Calpe, 1956.
——, *La leyenda de los Infantes de Lara*, Madrid, Espasa-Calpe, 1934.
——, *Primera crónica general de España*, Madrid, Gredos, 1955.

Menéndez Pidal, Ramón, *Reliquias de la poesía épica española*, Madrid, Espasa-Calpe, 1951.
Milá y Fontanals, Manuel, *De la peosía heróico-popular castellana*, edición de Martín de Riquer, Barcelona, C. S. I. C., 1959.
Riquer, Martín de, 'El "Roncesvalles" y el planto de Conzalo Gústioz', *La leyenda del graal y temas épicos medievales*, Madrid, El Soto, 1968, pps. 205-213.
von Richthofen, Erich, *Estudios épicos medievales*, Madrid, Gredos, 1954.

Articles

Anderson, J. O., 'The "Letter of Death" Motif in *La leyenda de los siete infantes de Lara*', *Hispania*, XIII (1930), 315-318.
Espinosa, Aurelio M. 'Sobre la leyenda de los Infantes de Lara', *The Romanic Review*, XII (1921), 135-144.
Foscolo Bendetto, Luigi, 'Una redazione inedita degli infanti di Lara', *Studi Medievali*, VI (1912-13), 231-253.
Krappe, Alexander, 'The *Cantar de los Infantes de Lara* and the *Chanson de Roland*', *Neuphilologische Mitteilungen*, XXV (1924), 15-24.
Menéndez Pidal, Ramón, 'Historicidad de la leyenda de los infantes de Lara', *Libro-Homenaje Goyanes* (Madrid, 1929-30), pps. 547-552.
———, '*Los infantes de Salas* y la epopeya francesa—influencias recíprocas dentro de la tradición épica románica', *Mélanges offerts à Rita Lejeune* (Gembloux, 1969), pps. 485-501.
Monteverdi, Angelo, 'Il cantar degli Infanti de Salas', *Studi Medievali* (*nuova serie*), VII (1934), 113-150.
Moreno-Báez, Enrique, 'El poema de los siete Infantes de Salas', *Insula*, 20 (Septiembre de 1947), p. 8.

ADDENDUM

While this book was being printed, the amplified third edition of Menéndez Pidal's *La leyenda de los Infantes de Lara* (Madrid, Espasa-Calpe, 1971) we published. For this reason its new information could not be incorporated into this study.

www.ingramcontent.com/pod-product-compliance
Lightning Source LLC
Chambersburg PA
CBHW020416230426
43663CB00007BA/1194